UN VOYAGE

À ROME

~~~~~~

1871

~~~~~~

« Vidit annos Petri. »

VOYAGE A ROME

VOYAGE

A ROME

(16 Juin 1871)

SIMPLE SOUVENIR DE FAMILLE

« Tu es Petrus.... »

ABBEVILLE

IMPRIMERIE C. PAILLART

24, RUE DE L'HOTEL-DE-VILLE, 24

1878

Ces pages ne sont point destinées au public.
La modestie bien connue de leur auteur lui a
toujours fait refuser d'en laisser connaitre l'existence, même dans le cercle de la famille. Mais
maintenant que Dieu a rappelé à lui son fidèle
serviteur, nous nous faisons un devoir de communiquer aux siens ce pieux souvenir de voyage
que le pèlerin de Rome adressait à son frère,
prêtre de la Compagnie de Jésus.

VOYAGE A ROME

(16 Juin 1871)

Tu sais, mon cher Charles, combien ancien et vif était en moi le désir d'aller à Rome. Voir Pie IX, lui témoigner ces sentiments, précieux héritage de nos religieux parents, était depuis longtemps un désir, un besoin de mon cœur. Et cependant ce souhait, ce projet s'étaient vus contrariés d'année en année. J'avais vu passer Castelfidardo et ses épisodes émouvants, tu te rappelles dans quelles funèbres circonstances ; puis vinrent les fêtes du Centenaire, Mentana, le Concile ; toujours quelqu'impossibilité m'avait arrêté, enchaîné. Aussi avais-je fini par croire que mon tour était passé. Nos malheurs publics et privés m'ôtaient d'ailleurs toute velléité de voyage d'agrément ; ayant le garnisaire ennemi à demeure fixe dans la maison, j'étais son prisonnier en même temps que son gardien.

Et toutefois ce fut alors même, quand de voyage à Rome il ne pouvait plus être question, que ce qui semblait impossible se réalisa enfin.

1*

Tu sais comment et par qui je fus tout-à-coup enrôlé dans une députation d'Alsaciens à Pie IX, à l'occasion du 25ᵉ anniversaire de son Pontificat. Il fallut faire à la hâte quelques préparatifs, car le temps pressait, prendre des dispositions en vue d'une absence, longue peut-être. Enfin, ayant consulté tous mes conseils, j'allai promettre à notre digne Évêque qu'il pouvait compter sur moi ; je partais le surlendemain : c'était le vendredi, 9 juin.

Il s'agissait d'arriver avant le 16, jour anniversaire de l'élection du 16 juin 1846 ! Le monde catholique s'était donné rendez-vous à Rome pour ce jour, que la divine Providence daignait marquer elle-même de son sceau : rendez-vous du cœur pour tous, de fait pour quelques privilégiés seulement. Or, cette fois-ci, j'étais du nombre. Pie IX allait atteindre et dépasser les années de Pierre ! *Hæc est dies quam fecit Dominus......*

De Strasbourg à Rome, le plus court chemin depuis l'établissement des chemins de fer, est la ligne allant de Munich à Vérone par le Tyrol. Cette route magnifique n'avait que cela de déplaisant pour moi, de me faire passer par un pays ennemi.... Mais je n'avais plus le choix, il fallait arriver à temps. Le pays ne commença à m'offrir d'intérêt que vers Ulm. Cette forteresse de la ci-devant Confédération se trouve admirablement défendue par l'âpre et montagneuse nature qui lui sert de base et d'encadrement. Quant à l'art, toutes les précautions minutieuses qu'inspire le génie allemand, sont prises ; les ouvrages extérieurs s'étendent bien au loin ; rien n'y manque.

En somme, cette première journée de voyage

eut été ennuyeuse pour moi, sans un souvenir lointain de feu papa qui me traversa l'esprit à Ulm. Il avait passé par là dans sa première jeunesse, lorsqu'il allait en Italie par le Tyrol. Ce souvenir me rendit rêveur et m'aida à garder la réserve absolue que je m'étais imposée vis-à-vis du public allemand. L'allemand est bonhomme mais indiscret; ajoutes-y l'infatuation résultant naturellement des récents triomphes de l'idée germanique! Tout le monde ne comprend pas la jouissance que l'on éprouve, voyageur ignoré, à observer silencieusement hommes et choses, sans déranger personne, mais à la condition de n'être pas dérangé non plus.

J'étais à Munich à dix heures du soir, douze heures après mon départ de Strasbourg; M. A. de Sury m'y attendait. Le lendemain samedi, j'eus le moment d'aller à l'église la plus voisine pour entendre la sainte Messe. C'était le surlendemain de la Fête-Dieu, l'église était très-convenablement ornée; peu d'assistance, mais recueillie. Je n'étais d'ailleurs guère d'humeur d'admirer la capitale du roi Louis: de grandes et larges rues comme à Carlsruhe, comme à Paris, comme partout; des monuments en style grec, absence complète de cachet; c'en était assez pour me donner envie de repartir au plus vite. Dès dix heures du matin, j'étais en route par le train d'Inspruck. La gare de Munich est immense. L'administration me fit un peu l'effet de ne savoir où donner de la tête dans cette vaste Babel; aussi fait-on très-bien de compter surtout sur soi-même pour n'être pas oublié. Enfin, la locomotive nous entraîne hors de la bavaroise cité. J'étais fort intrigué de savoir ce que signifiait une sémillante escorte de jeunes paladins, qui avait pris la tête du convoi, dans un wagon spécial. Figure-toi, Charles, de beaux jeunes blonds, coiffés, les uns de la calotte des Universités allemandes, les autres de chapeaux à plumes : vestes de velours, écharpes en sautoir, pantalons blancs avec bottes fortes munies des indispensables éperons, de longues épées au côté..... Ce qu'il y avait de plus étonnant encore, c'est que ces jeunes gens se regardaient sans rire. Tandis que je m'extasiais sur cette vision, un monsieur allemand de fort bonne mine m'expliqua la chose : « Voilà, me dit-il en français, la jeunesse de nos Universités ! » Je compris alors. Presque tous les étudiants d'outre-Rhin portent lunettes, autre afféterie. Au sortir de Munich, on aperçoit au-dessus d'un bosquet la tête et les bras de la gigantesque Bavaria. Je n'aime pas ces personnifications des nations sous l'emblême d'un colosse, il y a du panthéisme là-dedans ; quant à l'exécution de la statue, je n'ai pas assez vu pour pouvoir juger. Je présume que la robuste Bavière est habillée en Athénienne, pour donner le démenti à Tacite et à son : *de moribus Germanorum !*

Une agréable surprise m'attendait à ce point de mon voyage ; la conversation s'étant engagée avec le monsieur de tout-à-l'heure, je vis bientôt que j'avais affaire à un homme du meilleur ton. Bientôt nous nous faisions le mutuel aveu que nous allions tous deux à Rome pour l'anniversaire du Pape. C'était un gentilhomme westphalien, d'un esprit orné, d'une rare justesse d'aperçus, et, ce qui valait mieux pour moi, jugeant sainement les choses prussiennes...

Aussi était-ce à peine si la conversation tombait un instant ; et cependant le paysage devenait magnifique. Au couchant, le Vorarlberg étalait à nos regards ses panoramas de montagnes s'étageant les unes sur les autres, entrecoupées de vallées profondes ; un ciel orageux promenait la lumière et l'ombre sur ce beau spectacle. Bientôt nous entrions en Autriche. Ah ! ce n'est plus précisément allemand ! La forteresse de Kuhfstein ferme l'entrée de la vallée de l'Inn, dans laquelle nous entrons ; elle fait plutôt l'effet d'un castel du moyen-âge que d'une moderne citadelle, mais c'est néanmoins un solide massif de rochers et de remparts que l'artillerie mettrait du temps à pulvériser. D'honnêtes gendarmes tyroliens se présentent à la gare. Que c'est différent du Prussien ! mine, regard, attitude, uniforme ; et dire que c'est à ces gens là que nous avons fait la guerre en 1859 ! Le tyrolien rappelle le vendéen ; ah ! si l'Autriche entendait ses véritables intérêts !..... Le pays devenait tellement enchanteur que je ne concevais rien de plus. Vers le soir, nous arrivions à Inspruck ; je n'entrevis cette ville que de la gare. La vallée de l'Inn s'est élargie en cet endroit. A Inspruck encore, je retrouvais le souvenir de notre père et même de notre aïeul. Le train repartit bientôt ; je perdis mon aimable compagnon pour ne le retrouver qu'à Rome.

La ligne ferrée qui monte au Brenner est une œuvre d'art admirable ; seulement, pourquoi des chemins de fer qui vous emportent si vite, par des sites où l'on voudrait dresser les trois tentes du Thabor ? Les montagnes sont d'aimant pour le cœur. Tu sais, Charles, comme leur aspect impressionnait feue maman ; mais elles attachent surtout, lorsque les souvenirs et l'âme d'un pays s'harmonisent avec sa nature, comme dans ce noble et vieux Tyrol, encore si plein de foi..... Avançons, le jour baisse ; je suis toujours à la portière, ne pouvant me rassasier de la vue de cette alpestre beauté, d'écouter le murmure du ruisseau que nous côtoyons, de contempler ces froides cimes qu'éclairent les derniers rayons du couchant. La vallée devient si étroitement sinueuse que le convoi décrit d'interminables S. Outre sa grandeur sauvage, cette contrée me rappelait encore le voyage que j'avais fait dans mon enfance, par la Via Mala, dans les Grisons, avec feu nos parents et Rose ; tu étais encore tout petit ; que de choses passées depuis !

Nous nous décidâmes, M. de Sury et moi, à passer la nuit en chemin de fer, afin d'arriver le lendemain dimanche à Vérone. Nous n'eûmes pas froid, c'était le 10 juin ; la nuit resta longtemps clareteuse. Ce ne fut que vers Brixen que je ne distinguai plus rien du tout. Et pourtant ce pays me parlait tant au cœur ! J'approchais de ce Tyrol italien d'où notre famille est originaire ; cette mélancolie que notre père éprouvait chaque fois qu'il revenait dans son pays, me gagnait aussi. Je ne pus rien voir de Botzen ou Bolzano. Vers deux heures du matin, on cria : Trente ! Trente ! c'est la ville du Concile, c'est la patrie de notre bisaïeul ! Mes yeux cherchent à fouiller l'épaisseur des ténèbres pour discerner un édifice, une église, le site : impossible de rien distinguer !... Seulement j'entendais le chant des rossignols dans le feuillage ; ce chant, aux portes de l'Italie, me valait tout un poëme. En-

fin voici le crépuscule ; nous sommes à Roveredo.
A droite s'élèvent d'arides montagnes ; leur revers opposé encadre ce lac de Garde, si beau à voir de Desenzano. Ici, elles sont âpres et nues ; là, elles apparaissent sous le prisme embellissant de la nappe d'eau qui les baigne. Je t'avoue que le cœur me battait en pensant à ceux qui portent encore notre nom dans ces lieux de notre origine ; mais, dans les conditions de temps que me faisait ce voyage impromptu, tout détour m'était interdit, sous peine de manquer mon but, qui était le 16 juin et Pie IX !

Désormais le paysage a entièrement changé. Ce n'est plus la fraîche verdure d'hier ; la culture a pris l'aspect méridional ; les mûriers, dépouillés de leurs feuilles pour la nourriture des vers à soie, donnent un vilain aspect aux champs. A trois heures, nous sommes à Ala, dernière station autrichienne. En 1847, j'avais encore trouvé les Autrichiens aux bords du lac Majeur, à 80 lieues de là ! quel recul ! Qui relèvera l'Autriche ?

Bientôt nous entrons en Italie..... L'Italie, naguère la terre classique du catholicisme, l'empire sacerdotal de Jésus-Christ ; aujourd'hui, le royaume excommunié des sectaires ! Elle a échangé sa foi séculaire et le diadême des arts, contre le joug brutal d'une dynastie de renégats ! Je t'assure que, malgré les instincts italiens que la langue et mille impressions réveillaient en moi, personne n'abhorrait plus que moi l'atmosphère que je respirais..... Il faisait beau pourtant !

Vers cinq heures, nous traversions les fortifications de Vérone. Nous descendîmes *all'Albergo delle due Torri ;* on y est assez bien. Nous entendîmes la messe, car c'était un dimanche, à la Cathédrale ou à San Zenone ; je ne sais plus auquel des deux. Ah ! si notre oncle, l'archiprêtre de la Cathédrale, vivait encore ! quel accueil il me ferait ! San Zenone et la Cathédrale sont des églises romanes, ou peut-être appartiennent-elles à ce style lombard, dont M. Fernand de Dartein a fait récemment la monographie. Vérone n'a pas le cachet de la Renaissance, les monuments y sont gibelins. Nous allâmes voir les tombes gothiques des Scaligieri, ces seigneurs fameux ; Desenzano se trouvait dans leurs possessions. Nous vîmes ensuite l'Arène ; c'est le Colysée en petit, mais non moins bien conservé ; il y a place pour 24,000 spectateurs. Un théâtre de marionnettes est installé là où coula le sang des martyrs ; au Colysée du moins, on trouve le chemin de la croix. C'est sous Galère qu'a été construit l'amphithéâtre de Vérone, je lus cette inscription sur le parapet supérieur :

« GALERIUS IMP. OPT. MAX. DELICIÆ GENERIS HUMANI ! »

On sait que ce « galant » homme fut un cruel persécuteur des chrétiens. O mensonge lapidaire !

Nous avions une commission de notre évêque pour Mgr Canossa, évêque de Vérone. Ces deux prélats se sont liés d'amitié à Rome ; tu auras peut-être remarqué leurs noms parmi les dix ou douze promoteurs du postulatum relatif à la définition de l'Infaillibilité. Sa Grandeur nous fit un accueil des plus aimables, surtout lorsque nous lui eûmes dit l'objet de notre voyage. Les marquis Canossa sont une illustre et très-ancienne famille ; ils doivent descendre de ces Cane, fameux par leur cruauté et contre lesquels on publia une croisade ; c'est une histoire qui épouvante : tel était le moyen-âge. Eh bien, leur descendant est un prélat bien doux. Le palais de sa famille est une des curiosités de la ville ; l'Adige coule, comme un vassal dévoué, au pied de sa terrasse féodale. Une frise qui entoure le palais au-dessus de la corniche, représente une série de chiens courants ; le cicerone nous cita à cette occasion le dicton véronais :

    « Quando quel cane avrà mangiato quel' ossa
    « Non saranno più Canossa. »

Cela veut dire qu'aussi longtemps que ces chiens n'auront pu avaler ce palais, il y aura des Canossa.

Nous partîmes à une heure ; je n'avais pu résister au besoin de jeter à la poste un mot de souvenir pour la famille, au risque de m'attirer bien des reproches pour n'avoir pas modifié mon itinéraire. Que les chemins de fer vont mal à l'Italie ! *Partenza per Venezia, Partenza per Mantova !* criait un employé à la voix de stentor. Cela ne hurle-t-il pas ? aller en chemin de fer, où ? à Birmingham, à Liverpool, soit ! mais dans la cité des Doges ! mais dans la patrie de Virgile ! Oh ! que je regrette les *vetturini* avec leurs déclamations éloquentes et leurs violences obséquieuses. — Nous brûlons la politesse à Vicence ; mais on nous accorde quelques belles heures d'arrêt à Padoue. C'était le dimanche après-midi, par un temps superbe ; de rapides calèches nous transportent dans la ville du grand saint Antoine.

L'église du saint est une véritable basilique par sa grandeur, sa richesse, sa beauté ; cinq campaniles vénitiens ou clochers la surmontent :

c'est d'un effet original. L'autel du saint, chef-d'œuvre de sculpture, est en même temps un trésor d'argent ciselé. Un grand nombre de lampes de métal précieux brûlent devant ; c'est d'une magnificence qui impressionne ; il faudrait être bien glacé pour rester insensible à l'accent de la foi qui prodigua ces splendeurs. Ah ! que le culte extérieur est un puissant levier, et que l'Eglise a bien la science de l'humaine nature, en patronant, ainsi qu'elle a toujours fait, le culte royal des arts ! A Saint Antoine, je retrouvais l'Italie passionnée pour la splendeur de la maison de Dieu, l'Italie telle que je la concevais.

Notre seconde visite fut pour Sainte Justine. Là encore, je retrouvais le souvenir de feu papa, qui m'avait maintes fois cité cette église et lui avait comme voué un culte de prédilection. En effet, cette église est une des plus vastes d'Italie, et passe pour une des plus belles ; mais son ornementation n'est pas achevée. Nous descendîmes au cachot souterrain de la Vierge martyre. Ces cachots romains étaient déjà un supplice par la cruelle disposition des dimensions, pour que le détenu ne pût ni se tenir debout, ni s'étendre en aucun sens ; on montre encore d'autres cachots de martyrs : Padoue doit avoir largement payé son tribut à l'ère sanglante. Mais s'ils épouvantent la nature, ces trophées des premiers chrétiens donnent au visiteur un enseignement qui n'est pas perdu. Dans tous ses monuments, Padoue rappelle l'époque des grandeurs de Venise ; tout y rappelle le rôle important de cette noble cité aux temps de la Sérénissime République. Elle soutint victorieusement le siége de Louis XII, allié des impériaux dans cette vilaine ligue de

Cambrai. Mais que ces grands souvenirs paraissent humiliés à la vue de l'uniforme piémontais.

Nous repartons *presto, presto,* quittant la ligne de Venise, car notre but est Rome, Rome et Pie IX, au jour providentiel où le Pape de l'Immaculée-Conception atteindra les années de Pierre, « *videbit annos Petri....* » A partir de Padoue, la contrée devient humide. On dirait une Flandre. Plus de montagnes; c'est l'alluvion du Pô qui a dû former cette vaste plaine aboutissant à la mer. Le Pô, je le connaissais par Virgile, « *quo non major effluit amnis,* » et pourtant je ne l'ai, que je sache, aperçu nulle part. Les campaniles des églises de village, comme de blanches aiguilles de minarets, accidentent seuls la monotonie de l'horizon. La nuit est déjà revenue quand nous passons à Rovigo, Ferrare, places fortes au milieu de marais comme Strasbourg ou Anvers. A dix heures du soir, nous sommes à Bologne; il n'y a que soixante heures que j'ai quitté Strasbourg. Nous logeons à l'hôtel *del Comercio,* qu'on nous a indiqué. Lorsqu'on me conduisit à ma chambre, j'eus le déplaisir d'y voir appendu un portrait de l'ignoble Garibaldi. J'en témoignai mon mécontentement et demandai que la toile fût décrochée; le garçon me répondit à peu près oui. Lorsque je revins dans la chambre après le souper, l'opération n'était pas faite encore; je pris le parti de n'y pas plus faire attention qu'à une mauvaise image. Cette circonstance à part, j'étais fier et heureux de me savoir sur les terres de l'Eglise. Bologne est la seconde ville des Etats Pontificaux; nous lui destinâmes la journée du lendemain.

San Petronio, la cathédrale, remonte à une haute

antiquité, mais ce n'est pas un monument modèle ; elle appartient au style roman. A l'église des Dominicains, je vénérai le corps du saint fondateur de l'ordre. On me montra ce qui reste du palais des *Bentivoglio,* nom célèbre dans les annales bolonaises. Hélas ! que sont devenues ces puissantes familles et ces grandes passions dont les accès firent en partie l'histoire des cités italiennes ? Le crime même n'était pas alors sans grandeur, tandis qu'aujourd'hui le carbonarisme a enrôlé ces énergies méridionales dans ses cadres occultes, pour les traîner dans le sang par la boue. Les rues de Bologne sont bordées de larges et ombreuses arcades ; il y a de belles places, ornées d'admirables statues, peu ou point d'alignement, ce qui n'est pas sans prix. Je pensai trop tard à aller à Sainte-Catherine ; on m'entraîna à l'Académie ou Université : c'est le musée de Bologne. Il y a beaucoup de grands-maîtres ; je remarquai la *Sainte Cécile* de Raphaël ; plusieurs peintres la copiaient. J'allai encore voir les deux tours penchées qui menacent de s'entrechoquer comme deux hommes ivres. Est-ce un fait exprès de l'architecte ? Était-ce une satire ? Il faudrait plusieurs jours pour se rendre compte de Bologne.

Nous repartîmes dans l'après-midi. Le chemin de fer traverse les terres les mieux cultivées et les plus fertiles, dit-on, de l'Italie ; les céréales jaunissaient déjà, je remarquai des chanvres superbes. Nous passâmes devant Imola, Faënza, Forli, Cesena, Rimini, sans accorder plus qu'un regard, depuis notre wagon, à ces villes riches de souvenirs anciens, et la plupart siéges épiscopaux.

A Rimini on voit la mer. Salut, Adriatique !
flots qui baignez Actium, qui portâtes saint Paul,
qu'ennoblit à jamais cette furieuse journée de
Lépante ! Bon gré, mal gré, simple petit voyageur emporté par la vapeur le long de cette
côte qui va de Rimini à Pesaro, à Cattolica,
j'appartenais à ces grandioses distractions. Mes
yeux fouillaient l'horizon bleuâtre et cherchaient
follement l'Albanie et les champs de bataille de
Scanderberg, l'Epire, cette Thessalie, cette Macé-
doine évangélisées par saint Paul... « *vir Macedo...* »
Mais je ne voyais que l'eau et quelques barques
de pêcheurs. A Sinigaglia, nous saluâmes la
patrie de Jean Marie Mastaï-Feretti, de Pie IX ;
n'était-ce pas à son sujet que nous avions entrepris ce pèlerinage ? L'Adriatique est moins
hantée par le commerce que la Méditerrannée
proprement dite. C'était le contraire, il y a dix-
huit siècles ; les intérêts se sont déplacés de
l'Orient en Occident. Le chemin de fer rase la
plage au point d'être mouillé par les vagues,
lorsqu'elles déferlent de ce côté. Quelques éclairs
déchiraient la nue à l'Orient ; bientôt nous dé-
couvrîmes le promontoire d'Ancône, qui s'avance
fortement dans la mer. Les fanaux étaient déjà
allumés, lorsque nous touchions la gare. Mais
notre but, ce soir-là, n'était pas Ancône, qui
passe pour une des villes les plus avancées
d'Italie ; nous continuons notre route et à la
deuxième station au-delà, on criait : Loreto !
C'est là que nous descendîmes ; car nous avions
négligé Venise pour faire ce pèlerinage.

O merci, mon Dieu, de m'avoir conduit ici !
La nuit était très-noire ; à peine sortis du bu-
reau de la station, une nuée de *vetturini* nous

assaillent à cris redoublés : *Me, signori* ! *signori, da qui* ! C'est le moment d'avoir bon pied, bon œil. L'accord est conclu, nous sautons en voiture et nous voilà emmenés d'une très-fringante allure vers la bourgade de bénédiction.

Cependant j'avais l'odorat frappé d'une très-délicieuse odeur..... c'étaient deux gros bouquets de lis que le cocher avait fixés dans les bras des lanternes ; il paraît que c'est l'usage des *vetturini* lorétains. Quoi de plus juste ? ils étalent les livrées de Notre-Dame, et ne sommes-nous pas sur ses terres ? Je constatai encore un phénomène que je n'avais vu nulle part ; c'étaient des vers-luisants volants qui sillonnaient l'air. Les chevaux montent au galop l'éminence où Lorette est assise ; la voiture s'arrête *all'Albergo della Campana*. C'est l'auberge même où logèrent, en 1860, MM. de Lamoricière et Georges de Pimodan. Notre chambre à coucher est celle-là même qu'avait occupée le glorieux général ; M. de Pimodan avait eu la pièce analogue de l'étage supérieur. En attendant le souper, l'hôtesse étala un grand casier rempli d'objets de piété ; ce petit commerce est une partie des profits de la maison. Souper italien, assaisonné de gaieté française ; tout nous charmait ce soir-là. Nous trouvions là la véritable hôtellerie d'autrefois, sans confort, honnête dans ses petites industries, telle que sainte Thérèse devait en trouver de son temps en Espagne, lorsqu'elle n'y tombait pas trop mal.

Le lendemain, nous nous rendions de bonne heure à l'église ; beaucoup de gens du pays s'y trouvaient déjà. J'entendis une première messe en dehors du sanctuaire de la Santa-Casa, puis une seconde dans cet auguste palais du plus Grand des Mystères... Songe donc, Charles, que moi, ton frère, je me voyais admis dans ces murs-là mêmes, où le Verbe s'est fait Chair ! La brièveté des instants dont je disposais empêchait mon esprit de vaquer un peu convenablement à la contemplation de ces grandeurs, d'admirer, dans l'exiguïté de ses proportions, le palais de la Cité de Dieu. Ce fut, hélas ! le tourment des consolations mêmes que je goûtais en ce moment. Mais il m'eût fallu de bien autres loisirs pour faire, dans mon âme, à ces grands et salutaires pensers, l'honneur qu'ils méritent, pour me mettre simplement à l'unisson de ce que mes yeux voyaient, de ce que mes pieds foulaient.

J'eus le bonheur de communier dans la Santa-Casa avec les bons Lorétains et leurs femmes ; je passai ensuite dans la petite chambrette attenante, qui passe pour avoir servi de cuisine à la Très-Sainte Vierge ! Ces mots semblent se heurter ; eh bien, non, tout est grand dans la Fille Immaculée de Dieu ! mais, ô Dieu ! que ces Grands, ces seuls véritables Grands, tenaient peu de place sur la terre ! — C'est dans ce petit réduit qu'un ecclésiastique présente à baiser la petite écuelle de l'Enfant-Jésus ; les pèlerins y mettent leurs chapelets et autres objets pieux, qui se trouvent bénis, certes ! par le seul attouchement.

Les campagnards de Lorette sont vêtus de longues chemises blanches qui leur descendent jusqu'aux genoux. Ce costume se retrouve, si je ne me trompe, sur la rive opposée de l'Adriatique, chez les tribus chrétiennes de la Tur-

quie ; il est certain que des émigrations eure
lieu d'Albanie et d'Epire en Italie, lors d
premières invasions ottomanes. Le costume d
femmes ne m'a pas paru porter un cachet pa
ticulier ; il ressemble aux autres costumes n
mains, très-gracieux du reste. En quittant Lorett
je me promis bien d'y revenir, si la bonté d
vine m'en faisait la faveur. Maison de Nazaret
Santa-Casa, n'est-ce pas vers vous que gravite
nos désirs, dans cette vallée de larmes ?

En quittant Lorette, on aperçoit à gauche, ve
le Nord, Castelfidardo et ses collines, rougies d
sang des Macchabées chrétiens. La glorieuse d
faite d'un Lamoricière, le trépas d'un Pimoda
et de ses franco-belges, feraient l'épisode héroïq
d'un roman de chevalerie ; c'est la croisade, c'é
la légion Thébéenne, c'est le martyre sous l
forme d'un combat inégal. Nous apprenons pe
cœur le nom de Léonidas et celui des Thermo
pyles ; plus tard, on nous cite Austerlitz comm
le chef-d'œuvre de l'art ; ici c'est le sublim
duel de quelques jeunes chrétiens et de la ré
volution armée. Castelfidardo restera la page glo
rieuse de notre siècle. On nous montra de loï
de petits mausolées blancs : ce sont les tombé
des Piémontais ; leurs victimes n'ont qu'une croi
de bois.

Nous revînmes à la gare d'Ancône ; bientôt l
train nous emmenait vers Rome ; c'était notr
dernière étape. Changement de scène ! ce ne son
plus les plaines plantureuses de l'Emilie et de
Marches. Nous traversons la chaîne de l'Apennii
de part en part ; c'est abrupt et déchiré. Ce
montagnes semblent se rire des travaux d'ar
qui les ont fouillées, tant la nature elle-même

les a lacérées. Foligno et Spolète sont les seules villes que l'on y rencontre, mais on ne regrette pas l'œuvre de l'homme au sein de cette nature admirable et comme primitive. Ces vallons sauvages, ces rochers abrupts, ce paysage heurté, ennemi de toute ligue harmonieuse, semblent écrire les annales des peuples qui les habitent, de ces Volsques, Sabins, Marses dont Rome se servit pour la conquête du monde, après les avoir subjugués.

C'est encore un peuple pasteur qui habite ces contrées. Partout on voit des troupeaux paissant dans les vallons ; les moindres parcelles de terre disponibles sont utilisées pour la culture. Je n'ai encore rencontré nulle part la paresse proverbiale des italiens ; le paysan est sobre et dur à lui-même. Dans l'après-midi, vers Spolète, d'admirables sites se démasquèrent. Qu'ils sont beaux, ces horizons romains ! quel fantastique mélange de soleil, de forêts, de monastères, de rochers, le tout si fièrement perché et comme dans l'attitude du défi. Vers le soir, nous arrivons à Orte ; là, les montagnes s'abaissent, de grandes plaines commencent, où l'on voit des troupeaux de bœufs gris à longues cornes et des chevaux en liberté, gardés par des bergers à cheval, armés de piques.

Mais le jour baisse, nous approchons du terme ; l'émotion me gagne. Après huit heures, une coupole se montre à mes regards, Saint-Pierre de Rome ! Je ne me jetai pas à genoux dans le wagon, mais la prière ne quittait pas mes lèvres. La nuit n'était pas close lorsque nous entrions dans la gare de Rome : c'était le jour de saint Antoine de Padoue, 13 juin 1871.

Le cheval de notre *vetturino* s'emporta à la descente de Monte-Cavallo, si bien qu'il nous fallut l'aide de la police et des passants pour maîtriser l'animal et retrouver nos malles, lancées sur le pavé avec le commissionnaire qui nous accompagnait.

Mais bientôt un accueil cordial et tout alsacien nous dédommageait, au Séminaire français, de cette petite mésaventure. On nous conduisit à la maison où notre logement était arrêté. C'était une vieille maison, aux murs épais, à l'escalier étroit, d'une solidité à toute épreuve ; mais la chambre n'avait en fait de meubles et d'élégance que l'indispensable de Cincinnatus : c'était saisissant de simplicité. Quant au lit, il était très-dur, muni de draps très-amples ; le linge était très-fin ; on use beaucoup de lin en Italie.

Nous allâmes souper au restaurant voisin *del Falcone*, vieille *trattoria* tenue par des étrangers. Ce ne fut que le lendemain que je vis où j'étais ; mes fenêtres donnaient sur la place *della Minerva*. Cette place est ornée d'un monument original, un obélisque ayant pour base le dos d'un éléphant. On sait que l'éléphant passe pour l'animal sage ; le collége de la Sapience est tout auprès, attenant à l'église et au couvent *della Minerva* : c'est la maison mère des Dominicains. Je ne tardai pas à m'apercevoir que j'avais l'immense bonheur d'être proche voisin du corps virginal de la grande protectrice de Rome, de sainte Catherine de Sienne qui repose sous le maître-autel de cette église.

Toutefois ma première visite avait été pour le *Gesù,* qui se trouve à peu de distance. J'arrivai en pleine neuvaine du Sacré-Cœur. Quelle bonne fortune, Charles, et quelle splendide église ! ô les saintes profusions de marbres précieux, d'or, de lumières ; il y a là des autels qui doivent valoir le prix d'une église ; c'est le prince Torlonia qui les a décorés, du moins en partie. Mais l'attitude pieuse, la dévotion témoignée par l'innombrable assistance qui remplit la nef, dominent encore l'impression de mes sens éblouis par cette magnifique décoration. C'était l'avant-veille du 16, jour où la fête du Sacré-Cœur allait se confondre avec le 25e anniversaire du règne de Pie IX.

Le R. P. Laurençot, à qui j'étais recommandé, avait eu l'obligeance de me faire monter à la tribune de l'église ; de là, j'assistai en privilégié et à l'aise, à cette belle et touchante cérémonie. Ce fut ainsi que la piété romaine m'apparaissait dans tout son éclat, dès le premier jour de mon arrivée. L'image du Sacré-Cœur trônait au maître-autel, radieuse de tant de lumières qu'on eût dit un foyer lumineux. En même temps une musique choisie mêlait ses symphonies aux effusions de la piété ; j'étais comme tombé en plein paradis. Il y eut sermon ; le prédicateur était le Père Franco. J'eus l'agréable surprise de m'apercevoir que je le comprenais assez pour me rendre compte du discours. L'église était comble, il y avait beaucoup d'hommes ; les dames étaient mêlées aux femmes du peuple. Je n'oublierai jamais cette heure de ma vie, ma présence à cet assaut de prières au Sacré-Cœur, pour la conservation des jours de Pie IX et la délivrance de Rome.

La place du *Gesù* n'est pas grande ; le palais *Altieri* forme l'une de ses façades. Le matin, je

voyais un troupeau de chèvres nonchalamment
étendues le long de ce palais et jusque sur les
dalles de l'église ; il n'y a que Rome pour offrir
ce triple aspect, religieux, aristocratique et pas-
toral. Pèlerin, je voulus commencer mes courses
dans la Ville Sainte par une visite à Sainte-
Marie-Majeure. C'est une forte course depuis le
quartier de la Minerve, je la fis à pied. La basilique Libérienne, comprise dans l'enceinte au-
rélienne, est presqu'en dehors de Rome actuelle.
Elle est bâtie sur le mont Esquilin, à l'emplacement indiqué, comme l'on sait, par de la neige
qui le couvrit miraculeusement le 5 du mois
d'août, sous le pontificat du pape Libère ; la
fête de Notre-Dame-des-Neiges consacre cet évènement. En visitant cette église, je me rappelai
que c'était par elle aussi que Jean-Marie Mastaï-
Feretti avait commencé ses courses de pèlerin à
Rome, lorsqu'il y vint pour la première fois, en
1809, « *nella sua fresca gioventù*, » comme il se
plaisait à le raconter lui-même naguère. J'y vis
le tombeau de saint Pie V et celui de Sixte-
Quint ; on y montre aussi la tombe que Pie IX
lui-même s'y est fait préparer...... Hélas ! ne
semblerait-il pas que le Pape de l'Immaculée-
Conception ne dût jamais mourir ? Tel fut l'em-
ploi de ma première journée. Je me convainquis
dès lors que je ne parviendrais pas à voir Rome
dans l'étroite limite de temps qui m'était fixée
par les circonstances, d'autant plus que je ne
jouissais pas réellement de mes loisirs, absorbé
que j'étais par les émotions et les perplexités de
la situation. J'étais au moins autant aux aguets
de ce qui se passait, de ce qui se disait, qu'empressé de voir les merveilles de la Ville Éter-

nelle. Instinctivement, on cherchait à discerner les révolutionnaires des bons romains, à deviner le vrai sentiment de la population. Pour cela, il fallait errer à l'aventure, s'égarer même, ce qui du reste n'est pas sans charmes à Rome ; ce fut à vaguer ainsi que je passai les huit premiers jours.

Ce ne fut que le 15, surlendemain de mon arrivée, que je vis Saint-Pierre. Sitôt qu'au détour du château Saint-Ange, l'œil peut embrasser son magnifique développement, la cathédrale de l'univers catholique apparaît aux regards comme le triomphe du majestueux et du grandiose. Ah ! Charles, c'est une époque dans toute vie, que l'instant où l'on se trouve sous la colonnade du Bramante, en face de l'obélisque de Sixte-Quint, où l'on y lit cette inscription fameuse, résumé de l'histoire du monde régénéré :

Christus vincit, Christus regnat, Christus imperat !
Vicit Leo de tribu Juda... fugite partes adversæ !

Je ne saurais dire si l'intérieur de la basilique frappe plus que l'extérieur ; il y aurait là matière à de longues dissertations. Lorsqu'on a franchi les degrés du parvis, traversé la galerie extérieure, on pénètre enfin dans l'église. Alors, sans secousse ni surprise, on est doucement subjugué par l'admiration, à la vue de la largeur, de la hauteur, de la profondeur de la nef. Au fond, la Confession, surmontée de son magnifique baldaquin ; le marbre poli du pavé, reflétant les jours et les ombres du temple ; les piliers gigantesques qui soutiennent la voûte ; dans ces piliers des statues athlétiques rappelant les gloires du catholicisme, sainte Thérèse au béhitier de droite, en face de saint Jean de la Croix, saint Camille de Lellis, saint Vincent de Paul, saint Ignace de Loyola! Mais c'est sous la coupole, aux pieds de la Confession, que saint Pierre de Rome achève, en se révélant tout entier, de saisir l'âme; là, on est obligé de convenir que c'est beau, que c'est merveilleux! C'est la rotonde du Panthéon d'Agrippa, immensément agrandie, lancée dans les airs et soutenue par quatre pilastres dont le pourtour suffirait à l'emplacement d'une chapelle! Avançons. La statue assise de saint Pierre est à droite au bout de la nef. Tout enfant de l'Eglise va déposer sur son pied de bronze le baiser de ses lèvres, incliner son front sous sa sandale. Vasselage du cœur, vasselage de l'esprit, ah! combien volontiers vous ai-je contracté en mon nom, au nom de tous les miens! car la pensée des absents m'a toujours et partout accompagné à Rome, mais surtout à Saint-Pierre. Le peuple va à cette statue, en dépit du progrès des lumières et malgré les plébiscites; il se croit, il se sent toujours vassal du Vicaire de Jésus-Christ; il satisfait de la sorte au besoin qu'il éprouve d'affirmer sa soumission au sceptre de Pierre. J'ai même vu plus d'un soldat italien accuser la foi de son baptême sur ce pied, poli par tant d'hommages. — De nos jours, les rois de Naples ont cru devoir se dispenser du tribut suranné de la petite haquenée et de quelques milliers d'écus; cela leur a-t-il profité? Du 16 juin, jour anniversaire de l'élection jusqu'au 21, date du couronnement de Pie IX, la statue de saint Pierre se trouva revêtue des ornements pontificaux, de couleur rouge selon la rubrique pour les martyrs, et coiffée de la tiare : cela produisait un saisissant effet. Un beau portrait du Pape, offert par le chapitre de la basilique, surmontait la statue. A Saint-Pierre, les tableaux à l'huile, même les grands-maîtres, sont remplacés par d'admirables copies en mosaïque : la mosaïque, c'est l'éternité de la peinture. Ces copies sont si parfaites, qu'il faut les considérer très-attentivement pour s'assurer qu'elles ne sont point l'ouvrage du pinceau ; les *antipendiums* des autels sont aussi en mosaïque.

La Confession se trouve au centre du transept, juste au-dessous de la coupole, à deux mètres environ au-dessous du niveau du sol ; c'est comme un chœur réservé, qui ne s'ouvre qu'au Pape seul et au cardinal-vicaire, à ce que je crois ; de gracieuses rampes y conduisent. Les corps des Saints Apôtres sont là ; l'autel papal surmonte leur commun tombeau. Une multitude de petites lampes forment comme une couronne de feux autour de la balustrade qui enclot tout le monument. En ces jours-là, des guirlandes de fleurs enlaçaient gracieusement cette guirlande de feux. Une fois, je vis des mains de femmes qui passaient entre les colonnettes pour effeuiller ces fleurs ; le mauvais exemple est contagieux, hélas ! je l'imitai, je te l'avone, sans trop de scrupule. Ce jour-là, n'était-il pas aussi bien un jour unique dans ma vie ?

Reprenons par ordre. Ce fut le 16 au soir, au jour et à l'heure de l'élection, que les fêtes commencèrent, à Saint-Jean de Latran d'abord. On y chanta un *Te Deum* solennel, après la récitation publique d'une prière italienne, composée *ad hoc*. Les pèlerins de l'anniversaire et beaucoup de romains s'y trouvaient ; on est comme perdu dans ces vastes basiliques. Saint-Jean est la cathédrale de Rome ; c'est la plus ancienne église, on l'appelle en raison de cela la mère et maîtresse de toutes les églises. Elle possède des trésors religieux et artistiques d'un prix infini. Des peintures des premiers âges chrétiens décorent la coupole ; l'autel Majeur renferme ces planches de cèdre qui servaient d'autel à saint Pierre même, lorsqu'il était l'hôte du palais de Pudens ; je pus faire toucher à ce bois sacré mes livres de prière et mon chapelet. Le palais du Chapitre est attenant à la basilique, c'est tout un monde. C'est là que se trouve le musée dit du Latran, qui renferme d'innombrables monuments tirés des catacombes : les antiques païens n'y sont pas moins remarquables.

Rien ne m'a paru beau comme le panorama qui s'offre aux regards depuis le chevet extérieur du Latran. Comme on se trouve presqu'en dehors de la ville, l'esprit l'oublie aisément, pour s'élancer dans les contemplations rêveuses. Je me transportai ainsi, en imagination, au lendemain de ces grands châtiments que la colère divine déchaîna sur Rome payenne, et qui en firent un champ de ruines. Un aqueduc ruiné et d'autres majestueux débris aidaient à l'illusion ; je ne voyais que le Latran contre lequel j'étais adossé, c'était le : *Christus vincit.*

La chaîne des montagnes de la Sabine et quelques pins parasols lui faisaient face, c'était le désert du Précurseur..... Il y avait là l'histoire de tout ce qui a passé sur l'horizon romain avant et après le christianisme.

Mais, comme pour me ramener à la réalité « moderne », deux compagnies de ligne piémontaise, en capottes grises, se tenaient en armes sur l'immense place; on eût dit des pygmées. Sous le voile d'une protection hypocrite, cette démonstration armée était une insulte à la manifestation catholique. On me montra quelque chose de plus triste encore, un certain monsieur que je ne veux pas nommer.....

Le lendemain, 17, qui était un samedi, il y eut grand'messe solennelle à Saint-Pierre. On s'y porta en foule; voitures et piétons encombraient le pont Saint-Ange, dont les abords étaient gardés par la police et ses sbires. Quelques sifflets et des pierres saluèrent plusieurs pèlerins au passage. Je vis en passant les ruines de la caserne Serristori, cet avant-propos de nos incendies communards. La première connaissance que je fis au Vatican fut celle de M. de Sonnemberg, capitaine-colonel des gardes suisses du Pape; ce fut par l'occasion de M. de Sury. Ce gentilhomme fut charmant pour moi, et même il se prêta on ne peut plus gracieusement au rôle improvisé de représentant de notre petit clan alsacien. Nous étions dix, trois ecclésiastiques et sept laïques, ce fut lui qui nous procura toutes nos entrées au palais, car nous n'aurions pas voulu d'une entremise allemande. Comme les derniers évènements nous distinguaient, hélas! des autres Français, on avait décidé de prendre, à Rome, une attitude neutre, afin de prévenir, même de loin, l'ombre d'un embarras, soit au Saint-Siége, soit à notre évêque, à notre sujet.

Les Suisses du Pape sont de magnifiques gars; ils portent encore les haut-de-chausses du temps de Sixte-Quint. Aux jours de cérémonie, on les

voit cuirassés et coiffés de la salade, la halle-
barbe ou la pertuisane à la main ; mais pour
le service habituel ils sont armés de fusils
Remington qu'ils manient avec une aisance
pleine d'actualité. Pie IX a, en outre, sa garde
noble et garde palatine, fournie par la *cittadi-
nanza* romaine ; mais les suisses et les gendarmes sont seuls chargés d'un service fixe et
continu dans le palais. Ce sont des hommes
choisis entre mille, ils logent au Vatican ou
dans ses dépendances, en sorte que la maison
du Vicaire de J.-C., est peuplée de gens de
guerre. Je ne te cache pas que j'aime cela,
parce que David, dont le Pape représente ici-
bas le Fils, était un guerrier ; et aussi parce
que je crois à la lutte perpétuelle du bien et du
mal. Oui, je considérais d'un œil d'affectueuse
envie ces anges gardiens, en chair et en os,
du doux Pie IX. Ces braves se multiplient pour
son service, ; ils se feraient tous tuer pour sa
défense. Ah ! que le Dieu des armées centuple
leur petit nombre à l'heure des suprêmes dangers, car la Révolution rode autour du successeur de Pierre comme un tigre altéré de sang !
Nous voyions sous le péristyle de la colonnade
les sentinelles piémontaises tenir aux arrêts
forcés ces défenseurs de la Papauté, en sorte
que le Vatican se trouve littéralement transformé
en une prison.

A partir du 16, les jours et les heures du
Pape se passèrent à recevoir les félicitations des
pèlerins. Les ambassadeurs des nations de la
terre se succédaient sans interruption dans les
salons du Vatican ; en même temps, d'innombrables télégrammes parvenaient à Pie IX de

la part de toutes les têtes couronnées. La reine d'Angleterre, le Sultan, le Czar de toutes les Russies, mêlaient leurs démonstrations de respect à l'amour, à la foi du monde catholique. Ce fut un beau moment. La réception de la députation française avait été fixée au dimanche 18 ; Mgr Forcade, évêque de Nevers, qui la présidait, me fit prévenir de l'heure : c'était à six heures du soir.

Notre troupe fut, hélas ! bien petite, comparée à la députation allemande qui avait compté, dit-on, près d'un millier de personnes ; nous représentions notre pauvre France amoindrie et humiliée ! Encore, plusieurs religieux et ecclésiastiques français de Rome étaient-ils venus grossir notre nombre. Je revis les RR. PP. Rubillon et Laurençot ; je reconnus aussi dans l'assistance M. le comte Edmond de Damas, mon ancien préfet de congrégation. C'était dans la cour du Vatican que je retrouvais, après 30 ans, Fribourg et ses souvenirs toujours chers : quelle coïncidence ! Je vis aussi M. le baron de M...., ton digne ami, dont j'avais fait la connaissance quelques jours auparavant.

Nous montâmes donc ces beaux escaliers ; je n'avais jamais été plus ému. A chaque pallier, se tenait un Suisse avec sa pique et son bienveillant salut ; on nous introduisit dans une antichambre. Là, les serviteurs ou valets de chambre du Pape nous débarrassèrent de nos chapeaux, nos paletots, tout ce que l'italien appelle la *robba*. La livrée de ces domestiques du palais est de soie rouge amaranthe ; la coupe du vêtement est en harmonie avec le ton grave qui règne dans une cour sacerdotale. Des camériers, sorte d'officiers laiques, nous conduisirent dans la salle où le Pape devait nous recevoir. Elle est peinte à fresque, belle d'architecture, mais son ameublement consiste en une série d'escabeaux en bois peint, au chiffre de Pie IX ; il y avait toutefois un fort beau Christ sur une crédence. Je ne pense pas que nous fussions plus de quatre-vingts personnes.

Il faisait très-chaud dans la salle ; nous attendimes une vingtaine de minutes. Enfin la porte s'ouvrit : Pie IX apparut entre deux prélats. J'étais profondément saisi, je t'assure ; c'était bien lui ! le vieillard sans caducité, le roi antique sans faux brillant, le père surtout resplendissant de majestueuse bienveillance. Lorsque Pie IX fut assis sur son trône, un membre de la députation s'avança, se mit à genoux et lut une adresse de félicitations et de dévouement. Je me rappelle qu'elle exprimait hautement et sans détour nos regrets et notre solidarité de Français dans l'acte aussi coupable que funeste de l'abandon de Rome par la France officielle. Assurément, ce qui se disait à cette heure-là, à genoux, à l'heure bénie de la tribulation, au Vicaire de J.-C., avait un tout autre accent que les discours tenus au temps mauvais des prospérités passées ; nous parlions le front bas, la rougeur au front et vraiment bien dépréciés comme nation. Le Pape prit ensuite la parole. Il nous remercia, comme Français, de tout ce que les catholiques de notre nation lui apportent de secours, en soutenant sa cause par leurs écrits, dans les assemblées politiques, par le sacrifice de leurs vies, par leurs dons en argent. Il ajouta qu'il se tenait pour obligé de toutes les œuvres de charité qui s'exercent dans notre pays en faveur des familles nécessiteuses, affirmant clairement que toutes ces œuvres étaient reversibles à la cause de l'Eglise, la sienne par conséquent. Après ces paroles d'encouragement, le Maître de la foi passa aux avis. Cette partie de l'allocution pontificale en était évidemment l'objet principal. Pie IX passa d'un seul trait au libéralisme-catholique, le nommant par son nom, nous le désignant comme le plus grand danger qui menace l'Eglise et la société à notre époque. « Tout le monde a horreur de ces suppôts de l'enfer qui viennent de couvrir Paris de sang et de ruines ; eh bien ! ils sont moins dangereux que ces lâchetés de l'intelligence et du cœur, que ces compromissions des enfants de la foi avec l'erreur. » Pie IX nous cita, sans toutefois le nommer, un catholique-libéral célèbre, qui avait osé lui dire, dans les premières années de son Pontificat : « Saint-Père, il faut que la loi soit athée ! » — Ce grand personnage, qu'il nous fut impossible de deviner d'ailleurs, mais c'était un coryphée du libéralisme-catholique, finit par mourir, après avoir vécu de telle sorte qu'à sa mort on ne savait s'il fallait l'enterrer comme catholique ou comme protestant. Pie IX termina par son ineffable bénédiction. A ce moment, Mgr Forcade donna le signal du cri de : « Vive Pie IX ! vive le Pape-Roi ! » (car il s'était assez militairement réservé cet attribut du commandement), puis on passa au baisement de la mule. Pressé par mes voisins, je ne pus saisir que le pied gauche du Pape ; en y appliquant mes lèvres, j'avais présente ta pensée, cher frère, et celle de tous les miens.

Victime du principe libéral de non-intervention,

Pie IX était en pleine actualité en condamnant devant nous ce libéralisme que la France venait si malencontreusement d'appliquer, en laissant le champ libre à la révolution à Rome. Il faut que le regard prophétique du Pape découvre de nouvelles tempêtes à l'horizon, pour ne cesser, comme un intrépide pilote, de nous les signaler de sa grande voix.

Revenons en arrière. C'était le 16 qu'avait eu lieu, au *Gesù*, la clôture de la neuvaine au Sacré-Cœur. Ce fut une journée saintement magnifique ; la messe de communion fut dite par le T. R. Père Général, et j'eus le bonheur de communier de sa main. Quelle heureuse journée de consolations et de joies ! Il y a dans la vie des moments qui dédommagent de beaucoup d'autres, ce sont des avant-goûts de la vie éternelle. La grand'messe fut suivie du sermon du P. Franco ; l'assistance était comble. Ensuite, au milieu des splendeurs toutes romaines d'une éblouissante illumination, aux symphonies d'une musique triomphale, eut lieu la consécration au Divin-Cœur. Les fêtes du *Gesù* se prolongèrent jusqu'au 18.

Outre ces grandes solennités, il y avait dans chaque église des triduum, des neuvaines, des expositions du Très-Saint-Sacrement. Les églises sont nombreuses dans le quartier que j'habitais ; j'y entrais, j'en sortais, sans les étudier, sans même retenir leurs noms ; mon rôle de pèlerin était trop inpromptu. J'étais d'ailleurs poursuivi partout par la pensée du Pape prisonnier et de Rome captive ; te l'avouerai-je, l'écusson pontifical, le drapeau pontifical, tout ce qui accuse la souveraineté pontificale me manquait dans les rues, sur les édifices publics, au front des monuments. Quoique n'étant jamais venu à Rome, il me semblait que je ne la retrouvais plus comme elle avait été.

Et pourtant chaque course vous amène au pied de quelque merveille. C'est la colonne Trajane au Forum, c'est le Capitole avec son escalier :

> Dum scandet Capitolium
> Tacita cum Virgine pontifex...

On dirait qu'Horace avait entrevu Rome chrétienne. La colonne Trajane est surmontée de la statue de saint Pierre; celle de saint Paul domine la colonne de la place Colonna; partout on trouve la main de l'Eglise étayant les ruines du monde païen, les relevant même pour les transfigurer à son usage.

Après les églises, ce qui me frappait le plus, c'étaient les mœurs et la physionomie de la population. Sur les degrés de ces palais grandioses, près du parvis des basiliques et des sanctuaires se reposent des campagnards, des pâtres aux traits fiers. Leur costume est souvent original, trivial jamais; la blouse est encore inconnue en Italie, surtout à Rome. De grand matin, on voit des troupeaux de belles chèvres pittoresquement campées sur les places. Elles apportent le tribut de leur lait à la ville de Romulus et de Rémus, aujourd'hui sevrée du lait de la louve païenne; le soir on ramène ces belles nourrices à la montagne; ce voyage se fait chaque jour.

Ce mélange de ville et de campagne constitue, à mon sens, l'un des charmes de Rome. L'édilité moderne hait ces contrastes, il est vrai; elle veut des rues alignées et c'est le chemin de fer qui amène le lait à Paris!

C'était notre évêque qui avait eu l'initiative de l'envoi d'une députation alsacienne auprès de Pie IX, pour le 25e anniversaire de son pontificat. Nous devions, en vertu de notre programme, former à Rome un groupe séparé ; nous nous y conformâmes, nous bornant à éviter, même de loin, toute rencontre avec les Allemands. Au reste, la Providence et, sans doute aussi, la sagacité du cardinal Antonelli, nous vinrent en aide, dans cette circonstance. La réception des Alsaciens, fixée au 20, se trouvait parfaitement distancée de celle des sujets de l'empereur Guillaume, qui avait eu lieu le 16. D'ailleurs, celle des Français, qui avait eu lieu le 18, créait déjà entre nous et nos nouveaux maîtres une barrière à la hauteur de nos plus légitimes susceptibilités.

Je n'en reste pas moins persuadé, quant à moi, que notre attitude de peuplade séparée avait dû embarrasser la circonspection du cardinal Antonelli ; car la Révolution épie toutes les paroles, tous les actes du Vatican, pour les dénoncer à la Prusse soupçonneuse et jalouse. Il eût donc mieux valu, et ç'avait été mon avis, de nous fondre dans la députation française qui nous eût reçus à bras ouverts. Le 20, à onze heures du matin, avait été fixé pour la réception des Alsaciens. Une grande consolation préluda pour nous à cette cérémonie. Par l'entremise de ces messieurs du séminaire Français, nous fûmes admis à la messe particulière du Pape, et nous eûmes l'ineffable faveur de communier de sa main.

La messe de Pie IX est dévote ; elle dépasse la demi-heure. Nous étions à genoux sur le parquet, les coudes appuyés sur de petits bancs peints en bois brun. L'autel était dans une pièce séparée, dont la porte ouverte laissait voir le sacrifice et le Pontife. Deux orientaux et quelques autres personnes avaient été admis avec nous. Trois officiers de la gendarmerie pontificale assistaient à la messe, leurs grands sabres au côté, car il faut que le dévouement veille à tout instant sur cette tête si chère :

Ecce non dormitabit neque dormiet, qui custodit Israël.

Trois heures après ces consolations intimes, nous nous retrouvions au Vatican pour notre réception officielle. Une députation espagnole nous précédait ; nous dûmes attendre assez longtemps. Les grandes députations avaient été reçues à part ; on ne pouvait en agir de même avec un groupe aussi peu important que le nôtre ; d'autres députations assistèrent donc à notre audience.

Alors donc, le Saint-Père étant sur son trône, entouré de cardinaux et de sa cour, M. Petiti, notre président, s'avança et lui lut une petite harangue : il y faisait mention de la séparation violente de l'Alsace d'avec la France, nation catholique. Ces paroles furent remarquées et approuvées du geste par plusieurs prélats, entr'autres le cardinal Patrizzi. Le Saint-Père répondit qu'il avait lieu d'espérer, d'après les assurances par lui reçues du nouvel empereur d'Allemagne, que les catholiques d'Alsace n'auraient pas à se plaindre de lui, quant à leurs intérêts religieux ; que, sans doute, on préférait d'ordinaire être sujet d'un prince catholique, mais que cependant tout n'était pas dit pour lors non plus, comme on l'avait bien vu...., le Pape sourit à cet endroit et laissa tomber ce sujet. Tout ce discours, Pie IX le débita d'un air qui me confirma dans mon opinion que notre réception avait eu un caractère officiel, à cause des circonstances difficiles du moment ; je m'applaudis d'autant plus d'avoir fait partie de la députation française, dont la réception avait été tout-à-fait intime. Le Pape nous parla ensuite avec beaucoup d'estime de notre évêque et rappela à ce sujet le service que lui avait rendu Mgr Rœss dans la condamnation de l'abbé Gratry. Il se loua aussi du zèle que plusieurs députés alsaciens avaient déployé pour sa cause, et désigna d'une manière très-transparente, M. Keller, sans toutefois le nommer. Nous passâmes ensuite au baisement du pied, mais Pie IX nous présenta sa main. Comme à l'entrevue du 18, il remit à chaque visiteur une petite boite en cuir rouge, ornée de ses armes, contenant une très-belle médaille de bronze, frappée en mémoire de sa vingt-cinquième année de règne. Nous déposâmes aux pieds de Sa Sainteté une somme de 42,000 francs, produit du denier de saint Pierre dans le diocèse de Strasbourg. Une députation crémonaise succéda immédiatement à la nôtre.

Le lendemain, 21, était la fête de saint Louis de Gonzague. Je me rendis à l'église du Collége romain pour y faire mes dévotions; c'est une fête toute romaine. Les jeunes congréganistes vinrent en procession et en chantant, se ranger devant l'autel du saint, où un prélat célébra la messe. Je me mêlai à cette jeunesse pieuse du plus près que je pus. C'était comme un besoin de rajeunissement que je satisfaisais ; je me retrouvais à Fribourg..... Au moment de la communion, on distribua des images du saint, ainsi qu'on avait fait au *Gesù*, le 16. Il paraît que c'est l'usage à Rome ; il révèle une pensée délicate à l'égard des pèlerins. *Sant'Ignazio* est une grande église et d'une très-belle architecture à l'intérieur ; mais elle attend son prince Torlonia pour son ornementation.

Il s'est formé à Rome, depuis l'invasion sacrilége du 20 septembre, une société de jeunes gens ayant pour but d'embrasser et de promouvoir tous les intérêts catholiques dans leur ensemble. Elle s'est intitulée : *Società pegl' interessi cattolici ;* elle se compose de l'élite de toutes les classes de la société romaine. Cette réunion venait d'ouvrir un cercle au palais Altieri ; S. E. le cardinal Borromeo, qui habite ce palais, avait eu l'obligeance d'ouvrir ses salons à ces jeunes et nobles dévouements. Or, la *Società romana* eut la gracieuseté de faire offrir à tous les pèlerins de l'anniversaire, le titre de membres honoraires de l'association, pour toute la durée de leur séjour à Rome ; j'en profitai plusieurs fois. Le 21, nous reçûmes avis de nous rendre à Saint-Pierre, le soir, à six heures, pour y prendre part à une procession, à la suite d'un *Te Deum* solennel ; je m'y rendis avec deux de mes compagnons. Ton frère, Charles, eut donc cet honneur, qu'il n'oubliera de sa vie, de porter le cierge dans la grande nef de Saint-Pierre de Rome, le soir de la fête de saint Louis de Gonzague, 21 juin 1871. La cérémonie fut belle ; renfermée dans la basilique, elle exprimait la captivité de Pierre, tout comme nos cierges, brillant dans le demi-jour du temple, à cette heure du jour, rappelaient les catacombes. Nous étions 360 jeunes hommes. Cette démonstration ressemblait à un plébiscite du droit, toujours numériquement faible,

contre la force injuste et prépotente. Elle couronna
les fêtes du jubilé pontifical ; mais les députations
de l'Italie les prolongèrent bien au-delà.

Si Pie IX reçoit beaucoup, il donne plus encore. L'auguste vieillard, rajeuni comme l'aigle,
remue tout dans Rome ; c'est lui qui restaure
les églises, fait vivre une foule d'artistes et
encourage les travaux utiles. C'est sa bourse qui
pourvoit à l'entretien des prêtres, des religieux,
des religieuses que la Révolution a dépossédés
de leurs patrimoines, chassés de leurs asiles. On
se croirait parfois au temps de Léon X, à voir
comme Pie IX, ce Pape détrôné, ne ménage rien.
Il paie tous ses employés démissionnaires, tous
ses officiers fidèles. Considéré même en dehors
du point de vue chrétien, ce Pape, que les revers n'ont pu distraire des préoccupations de la
charité envers ses fidèles sujets, ni même du
soin amoureux des monuments de Rome, enthousiasme et force à la confiance.

— 23 juin, veille de saint Jean-Baptiste, *magro
stretto ;* ce jour-là, je vis en courant nombre
d'églises : Sainte-Marie des Anges ou les Thermes
de Dioclétien convertis par Michel-Ange en une
belle église ; c'est la plus riche de Rome en reliques. Je remarquai le méridien romain qui
traverse son pavé. Les cours et les cloîtres de
ce monastère, qui appartient, je crois, aux Char-
treux, étaient encombrés de caissons et de voitures de guerre ; des soldats faisaient l'exercice
dans cet asile de la piété.

L'après-midi, tout-à-fait par hasard, je me trouvai en face de l'église de la Trinité-des-Monts.
Juge de ma joie ! Une magnifique rampe, plus
belle que l'escalier du Capitole, conduit au haut

de la colline où se trouvent l'église et l'ancien couvent de Saint-François de Paule, aujourd'hui propriété des Dames du Sacré-Cœur. Un obélisque égyptien décore la terrasse qui s'étend devant; on jouit de là du spectacle de Rome entière. Sur le mur de l'escalier qui mène à la porte du couvent, se lit une inscription latine: « A savoir que cette église a été restaurée par la munificence de Louis XVIII, roi de France et de Navarre, *auspice comite* de Blacas d'Aulps, son ambassadeur. » A cette lecture, je me trouvai aussitôt comme en pays de connaissance, et me décidai, sans autre recommandation que celle de ces souvenirs, à aller frapper à la porte de cette maison religieuse où je ne connaissais personne. Il est vrai que je me réservais de m'y faire connaître.

Je sonne donc. Une religieuse italienne m'ouvre. Je lui dis que je demande à prier devant l'image de *Mater Admirabilis;* en réalité, je n'avais pas d'autre intention. La bonne dame accueille aussitôt ma demande avec un sourire bienveillant et me montre le chemin. C'est ainsi que j'arrivai aux pieds de cette image, jetée là, par une inspiration charmante, sur le mur d'un corridor que la piété et les grâces obtenues ont ensuite transformé en oratoire. L'image respire une simplicité d'innocence qui pénètre doucement l'âme; les yeux de l'adolescente Immaculée paraissent prêts à se lever; on éprouve un craintif désir d'en être regardé. Après avoir rendu mes hommages à cette Madone, véritable dame de céans, je demandai à être présenté à Madame la Supérieure. Je me dis frère et neveu de religieuses du Sacré-Cœur, comme de juste; c'était Madame de Bouchaut, sœur d'une autre dame de ce nom qui avait reçu notre sœur Rose, à Montet, d'aimable et cher souvenir. Je fis plusieurs autres pèlerinages à Mater Admirabilis, bien que le Sacré-Cœur fût éloigné de mon quartier ; c'est que cette image exerçait un irrésistible attrait sur moi. D'ailleurs je prenais habituellement mes repas via dei Condotti, rue tout-à-fait voisine.

Aux pieds de la colline de la Trinité-des-Monts se trouve la place d'Espagne, maintenant ornée de la colonne de l'Immaculée-Conception. Cette colonne, surmontée de la statue de la Sainte-Vierge, est bien la pierre commémorative du plus grand évènement de notre XIXᵉ siècle : c'est là, aux pieds de cette colonne, que nous nous sentons renaître à quelqu'espérance, comme individus et comme nation. Je ne contemplais jamais ce monument sans une profonde émotion.

> « O peuples, célébrez la nouvelle croissance
> « De l'astre doux et pur qui préside à vos nuits ;
> « Lui seul peut dissiper vos douloureux ennuis,
> « Lui seul peut rajeunir votre antique puissance.
> « La Vierge qui vous a dans la douleur conçus,
> « Veut encor vous sauver de la fatale pente ;
> > « La Vierge de Lépante
> « Veut vous rendre la gloire et votre roi, Jésus ! »

Eh bien ! le vandalisme maçonnique s'est attaqué même à cette colonne ; des mains impies ont arraché quelques lettres des inscriptions sacrées, gravées sur le piédestal ! L'enfer hait donc bien cette femme...., mais qu'il se trouve des hommes pour servir cette haine ! Le temps nous pressait lorsque nous allâmes à Saint-André-du-Quirinal, noviciat de la Compagnie. Je ne vis que la statue de saint Stanislas, c'est le chef-d'œuvre de la statuaire romaine ; le saint est représenté mourant, portant l'habit de l'ordre, son crucifix et son chapelet à la main. Une partie de la maison était occupée militairement. J'aperçus quelques novices et m'avisai de leur adresser la parole, mais ils parurent se défier de moi ; ils portaient la soutane de la Compagnie et leurs ceintures étaient bleues. Tu sais que l'expropriation a été consommée depuis : Victor-Emmanuel a transformé l'école des vertus angéliques..... en écuries royales.

Rome est bien la ville la plus abondamment pourvue d'eaux qu'il y ait au monde ; et ces eaux sont fraîches et limpides. Il y a les cascades monumentales de *Trevi*, la fontaine de la place *Navone,* celles de la place Saint-Pierre, dont la poussière humide rafraîchit si agréablement. Toutes ces fontaines versent leurs ondes, que chacun peut venir puiser sans payer comme à Paris. En septembre 1870, quelques jours avant d'être détrôné, Pie IX inaugurait la fontaine de l'*Aqua Marcia.* Elle consiste en une série de jets d'eau convergents, imaginée par le colonel Blumenstiel, notre compatriote ; on m'a dit que cette fontaine-là donnait à elle seule dix fois autant d'eau que toutes les autres réunies, ce qui n'est pas peu dire. Celle de Trevi rappelle le char d'Amphitrite de Télémaque. Toute la théogonie de l'humide élément s'y ébat : c'est d'un très-bel et très-rafraichissant effet par les ardeurs de l'été. D'après un dicton romain, celui qui a bu un verre d'eau de Trevi et donné l'aumône à saint Pierre, reverra Rome. J'en accepte l'augure. La fontaine de la place *Navone* a pour emblèmes et supports les quatre plus grands fleuves du monde, le Nil, le Gange, le Danube et un fleuve d'Amérique ; c'est un chef-d'œuvre de sculpture.

Le 24, nous allâmes à Saint-Jean-de-Latran pour y assister à l'office ; mais la fête du Saint-Précurseur était comme voilée de deuil, en dépit d'un beau soleil, et l'on ne pouvait bonnement chanter le :

Ut queant laxis resonare fibris....

Quelques arabes chrétiens se tenaient accroupis sur le parvis ; ils vendaient de ces petits objets de nacre si communs en Palestine. Pauvres enfants du berceau du christianisme, ils venaient en pélerinage dans la capitale du monde chrétien, subjuguée elle aussi par d'autres ennemis du nom chrétien, c'était d'une triste et saisissante harmonie. Le Cardinal-Vicaire célébra le saint sacrifice, mais l'assistance n'était pas nombreuse.

J'avais passé plusieurs fois devant le Colysée ; ce ne fut que le 26 que j'y entrai. On y arrive par le Forum en passant sous l'arc de Titus, maintenant encore placé sur la voie publique. On dit que les Juifs évitent ce monument, qui a été élevé en mémoire de la victoire de Titus sur le peuple déicide. Cette partie de Rome est comme l'ossuaire de la cité des Césars ; partout des ruines. Les jardins Farnèse renferment ce qui reste du palais impérial. Chemin faisant, on remarque la petite église de Sainte Françoise Romaine ; c'est la sainteté qui est venue fleurir au milieu de ces ronces. Enfin, j'entrai, obscur pélerin, dans cette arène qu'on a si bien appelée la grande cuve de sang. Ces gradins, ces portiques ont vu, ont entendu, les rugissements des lions, les bonds des léopards, le râle des victimes et la curiosité malsaine des Vestales. Oh ! que ces gradins et ces portiques méritent de respects !

Assis là — c'était le 26 juin — je pensai naturellement à nos martyrs de la rue Haxo, immolés à un mois de distance jour pour jour. Leur sang fumant encore, semblait teindre d'une vapeur rose ce vieux Palais de la Légion du Martyre. Je pensai à ce bon Père de Bengy, le seul que j'aie connu avec M. Allart, le missionnaire de la Circassie.... Ah ! Paris de Voltaire, quand reviendras-tu au Dieu de Saint-Denis et de Sainte-Geneviève ? Hâte-toi d'élever cette cathédrale au Sacré-Cœur, qui peut seule te sauver.... « *Abyssus, abyssum invocat.* » On pourrait passer des journées entières au Colysée ; après nous être agenouillés devant la modeste croix de bois qui se trouve au milieu de l'arène, nous allâmes par les vergers qui occupent cette partie de la ville, à Saint-Grégoire, couvent des Camaldules. On y montre la table où saint Grégoire-le-Grand servait lui-même à manger aux pauvres ; ce couvent est très-agréablement situé. De là, nous nous rendîmes à Saint-Jean et à Saint-Paul. Or, c'était précisément la fête des deux martyrs ; on psalmodiait leur office. Leur pierre tumulaire était ornée d'une guirlande de lampions entremêlés de fleurs de lauriers. L'odeur du martyre vous suit partout à Rome ; c'est un parfum de haut goût qui tient l'âme élevée et la prémunit contre les entraînements d'en bas. Plusieurs de mes compagnons de pèlerinage venaient de quitter Rome. Pour moi, je ne pouvais me décider à quitter la ville de saint Pierre, à la veille de sa fête. Le mercredi, 28, *magro stretto* derechef, puis, le lendemain, la grande fête de la Catholicité ! J'assistai à l'office à la basilique, veuve hélas ! Le vicaire de Jésus-Christ refuse de s'y montrer aux peuples. Il ne doit leur apparaître que libre ; or, la royauté peut seule affirmer et garantir sa liberté.

Le lendemain, j'allai à Saint-Paul-hors-les-Murs ; c'est à une petite lieue de la ville. Quel temple, Charles ! il avait été détruit par un incendie vers la fin du règne de Pie VII, à qui on dut le cacher. C'est Pie IX qui a eu la gloire de le relever de ses ruines ou du moins d'achever sa restauration. Cette basilique conserve éminemment la forme primitive de ces édifices impériaux que Constantin affecta au culte chrétien, au lendemain de sa conversion : le nom de basilique rappelle cette origine. Saint-Paul consiste en cinq immenses nefs séparées par quatre rangs de colonnes, aboutissant à une salle transversale ou transept. Sa richesse de décoration, ses marbres resplendissants causent un effet de stupéfaction, autant en raison de la forme que sous le rapport de la matière. On pourrait s'y croire transporté au lendemain de la sortie des Catacombes ; l'art chrétien n'est pas encore né ; mais la profusion des richesses, image du repentir tumultueux, le remplace avec usure. Il faudrait aussi des journées pour étudier Saint-Paul ; j'y vis de beaux vitraux neufs, on n'en voit guère à Rome.

De Saint-Paul nous allâmes aux Trois-Fontaines. C'est un autre sanctuaire, situé à trois quarts de lieue plus loin à l'endroit même où le grand Apôtre subit le martyre. Son nom lui vient des trois sources qui jaillirent subitement à la place des trois bonds de la tête de Paul. Tête joyeuse ! qui sembla témoigner, par son triple tressaillement, de la joie de celui qui souhaitait si ardemment d'être réuni à Jésus-Christ ! Je bus de cette eau sacrée. Des religieux cisterciens français desservent ce pèlerinage et défrichent en même temps ce lieu désert et malsain.

Sur l'autre rive du Tibre se trouve situé sur une éminence Saint-Pierre-in-Montorio. C'est là que le pêcheur du lac de Tibériade témoigna, lui aussi, sa foi et son amour à Celui qu'il avait, le premier, acclamé Fils de Dieu ! A côté de l'église est une petite chapelle recouvrant le trou de la croix de Pierre ; un religieux capucin descend dans le caveau et retire, au moyen d'un petit puisoir, de ce sable d'or ou doré qui a donné son nom à cette colline : *Monte d'oro,* par abréviation *Montorio.* Les empereurs romains faisaient tirer de là le sable que l'on répandait sur leur parcours ; les Papes ont perpétué cet impérial usage. J'ai donc prié au bord de l'excavation de la croix de saint Pierre, et j'en ai rapporté quelques pincées de ce sable vraiment royal.

Tout près de Saint-Pierre-in-Montorio est l'atelier où l'on travaille à la colonne du Concile ; on nous y conduisit. C'est un bloc énorme de marbre dit africain, tiré de l'emporium ; l'*africano* est gris, veiné de rouge pourpre, sa nuance est admirable lorsqu'il est poli. La colonne ne pourra être d'un seul jet, à cause de sa hauteur. Je vis la manière dont on s'y prenait pour rapporter des morceaux ; c'est à l'aide d'un ciment. Je t'assure que les artistes italiens sont habiles à manier le marbre et la chaux. On m'offrit un fragment d'*africano ;* puissions-nous voir un jour la colonne du Concile du Vatican s'élever triomphante et recevoir les hommages des nations!

Saint Paul occupe une grande place à Rome. A l'instar de Saint Pierre dont l'image surmonte la colonne Trajane, la statue de l'apôtre des nations couronne la colonne qui donne son nom à la place Colonna. Celle-ci a été érigée par ou en l'honneur d'Antonin, je ne sais plus, en mémoire de victoires remportées sur les Parthes et autres ennemis de l'empire. Rien de simplement sublime comme l'inscription gravée sur le piédestal de la colonne; la voici aussi exactement que je me la rappelle:

VERE TRIUMPHALIS NUNC SUM,
CHRISTI PIUM DISCIPULUM FERENS,
QUI PER CRUCEM DE ROMANIS
AC BARBARIS IPSE TRIUMPHAVIT!

Et dire qu'à quelques pas de là il y a un café qui s'appelle Cavour, et que, le soir, une musique piémontaise humilie ces grands souvenirs et amuse les badauds du lieu! Mais, ces jours-là, il fallait savoir s'isoler du monde ambiant, sous peine d'éprouver de fréquents désenchantements. Au *Corso*, à *Santa-Maria-in-Via-Lata*, nous retrouvons encore les traces de Saint Paul; ce fut sa première prison, en arrivant à Rome. Une inscription tirée des actes rappelle le séjour qu'il fit en ce lieu, et les visites qu'il y recevait de ses amis et disciples. Ici aussi, il y a une fontaine miraculeuse; j'en ai bu encore, n'était-ce pas pour m'abreuver à ces sources que j'étais venu à Rome?

A *San-Carlo* du *Corso*, je pensai à toi, cher frère. Au *Corso*, l'aspect typique de Rome est très-atténué : ce n'est pas encore Paris, mais c'est bien Milan ; le tapage y est grand, les équipages nombreux. C'était le point où je me plaisais le moins. Je n'ai mis qu'une fois le pied sur la place du Peuple et ne suis jamais monté au *Pincio,* qui est le bois de Boulogne de Rome. On y rencontre le monde officiel de Victor-Emmanuel et je n'étais pas venu à Rome pour admirer les officiers piémontais. Au fond, ces infortunés me faisaient assez l'effet d'être embarrassés de leur rôle ; peut-être s'en trouve-t-il plus d'un dont la conscience proteste contre ce métier de geôliers du Pape. Quant aux soldats, j'en acquis la certitude. J'en vis qui se glissaient dans les églises, malgré la consigne qui les en écarte ; ils ne s'y tenaient pas irrévérencieusement. Les dames du Sacré-Cœur m'assurèrent que ces pauvres gens venaient parfois leur demander en cachette des médailles, des chapelets. Pauvre peuple d'Italie, comme on travaille à t'arracher ta foi ! Tout le mal vient des sectes qui ont pu se développer dans l'ombre, grâce à la connivence des gouvernements, et ont fini par devenir elles-mêmes le Pouvoir.

Les palais sont nombreux à Rome, mais je n'en ai visité aucun. Nous allâmes voir toutefois, au palais *Rospigliosi,* la fresque célèbre du lever de l'Aurore : c'est le chef-d'œuvre du Guide. En fait de musées, je n'ai été qu'à celui de Latran, en compagnie de M. Arthur Loth, l'un des jeunes rédacteurs de *l'Univers.* Ce musée est très-riche en pierres tumulaires tirées des catacombes ; ces inscriptions, tracées à l'époque des persécutions, vous ramènent en plein IIIe, IIe et même Ier siècles. Plusieurs sont frustes, mais

M. de Rossi a su les rétablir avec un instinct étonnant. On touche là du doigt l'identité de nos dogmes et des pratiques actuelles de l'Eglise avec ce qui était cru et se pratiquait alors.

Une grande et regrettable lacune dans mon séjour à Rome, ce sont les catacombes ; je n'en ai visité aucune. J'espère que la Providence me réserve cela pour un autre voyage, destiné à compléter celui-ci ; peut-être aurions-nous la joie de le faire ensemble.... L'heure présente est bien noire, il est vrai, mais n'est-ce pas une raison pour espérer ? Je n'ai pas visité non plus Saint-Clément, la plus curieuse, par son antiquité, de toutes les églises de Rome.

A *Santa-Maria-in-Transtevere*, nous vîmes les grands travaux de restauration que Pie IX y fait exécuter, en ce moment-ci même. Je me rappellerai toujours le buste de Notre-Dame-des-Douleurs qui s'y trouve exposé ; c'est d'une expression qui fend l'âme. Là repose la vénérable *Anna-Maria Taïgi;* je m'agenouillai devant son tombeau.

Santa-Maria est contigüe à *S. Crisogono.* Sur la muraille extérieure de cette église est peinte une Madone et Pie IX à genoux devant elle. Or, d'après une récente rumeur, cette image aurait été vue levant les yeux. Nous nous tînmes devant, humblement attentifs ; l'image est très-parlante ; j'osais à peine la regarder, mais je t'assure que je croyais assez à la possibilité du miracle, pour ne pas désirer qu'il se produisît sous mes yeux.

J'ai monté plusieurs fois l'escalier du Capitole, passé plusieurs fois au pied de la statue tant vantée de Marc-Aurèle : cela ne me disait rien, probablement à cause de l'étiquette italienne que le gouvernement s'est évertué à attacher à tous les monuments civils de Rome. Mais tout auprès se trouve l'*Ara-Cœli*, couvent des Capucins ; c'est là qu'est la prison Mamertine. Figure-toi une série de puits superposés et dans lesquels on pénètre par une ouverture pratiquée au plafond. L'importance du prisonnier déterminait l'étage où on le plaçait. Saint Pierre et saint Paul eurent l'honneur du fond du puits, c'est un effrayant séjour ; l'imagination ne va pas au-delà en fait de cruauté pour la victime destinée au supplice.

Saint Pierre est partout à Rome. L'église de Saint-Pierre-ès-Liens possède ces précieuses chaînes dont l'asservissement actuel de son successeur a popularisé le culte ; j'ai eu les tempes entourées par ces saintes entraves, qui étaient précisément exposées alors à la vénération des chrétiens. A Saint-Philippe-de-Néri, chez les Rédemptoristes, j'allai vénérer l'image de Notre-Dame-de-Perpétuel-Secours. C'était, comme tu sais, une visite de remerciements que je faisais à cette Madone célèbre. Tu te rappelles que c'est à son invocation que nous avons dû la guérison, aussi subite que surprenante, de notre chère aînée, l'hiver dernier.

A quelques pas d'un petit boudoir appelé temple de Vesta, se trouve *Santa-Maria-in-Cosmedin* ; on y vénère une de ces Madones venues de Constantinople, qui attestent à la fois la piété de l'antiquité chrétienne et le talent de ses artistes. On montre derrière l'autel la chaire d'Augustin, encore philosophe ; elle est d'un seul bloc de marbre. Il faut avouer que notre moderne académie a des

fauteuils plus moëlleux. Sous le portique extérieur est exposée la *bocca della verità*; c'est une
tête monstrueuse à la bouche entr'ouverte. Au
temps du paganisme, on obligeait l'accusé d'y
mettre la main, et, selon qu'il parvenait à la
retirer ou qu'elle se trouvait saisie, l'accusé était
absous ou condamné. Dans cette église comme
dans une foule d'autres, je vis de ces blocs de
marbre que l'on attachait au cou des chrétiens
pour les noyer. Ce ne sera qu'au dernier jour
que les fleuves et les mers rendront les reliques
de ces martyrs ignorés. — Au sortir de cette
église, nous vîmes un incendie et les pompiers
romains à la manœuvre; ils nous ont paru tout
aussi au fait du métier que d'autres.

J'avais reçu, sur ces entrefaites, une lettre d'un
de vos Pères de France qui me recommandait
d'aller me présenter de sa part aux Dominicains
de Sainte-Sabine; je n'y manquai pas. C'était le
samedi, 1er juillet, si je ne me trompe. Du milieu d'un délicieux mélange de rochers, de cy-
près, de vieux murs enguirlandés d'une végétation toute méridionale, s'élève au sommet de
l'une des sept collines l'antique couvent de Sainte-
Sabine. C'est un vrai manoir de la piété du
moyen-âge; on est sur le mont Aventin! Un
chemin solitaire, tout fait pour les aventures
tragiques, vous conduit au monastère. Les religieux étaient à l'office; n'importe, comme des
personnages, nous demandons le Père supérieur.
Il règne une grande urbanité dans les couvents
de Rome; le Père supérieur quitte aussitôt le
chœur pour ces étrangers dont il ignore le nom,
mais qu'on lui a dit être des français. C'est le
Père des Cars, français lui-même, l'homme le

plus gracieux qu'on puisse rencontrer. Nous lui faisons valoir la recommandation amie.... c'était le meilleur des passe-ports. Sainte-Sabine, ancien palais des Papes, qui l'ont donné à Dominique Guzman, remonte au haut moyen-âge. Avec quel intérêt l'on parcourt ces galeries qui ont vu les grandes figures religieuses, les physionomies passionnées des siècles théologiques! Le Père des Cars nous conduisit à la chambre de saint Dominique, puis à celle de saint Pie V. Nous ayant menés au jardin, il nous montra le célèbre palmier, planté par saint Dominique, cet arbre que vénérait déjà saint François de Sales! Sainte Sabine et son palmier ont donc vu les âges grandioses, antérieurs au schisme d'Occident, le siècle de saint Louis!

Vint ensuite l'époque tumultueuse où les grands vassaux romains se disputaient la cité et l'obligeaient, la lance au poing, chacun dans son quartier, à épouser leurs querelles. La paix de l'église rendit la paix à Rome. Ce fut lorsque la vierge de Sienne eut négocié le retour de la Papauté dans sa ville contrite et humiliée. Aussitôt et comme pour célébrer la fin de son veuvage, Rome se revêt d'habits nouveaux ; l'enthousiasme artistique et littéraire de la Renaissance éclate à point nommé. Léon X a pour ministres de ses goûts de Médicis, un Michel-Ange, un Raphaël ; les cloches de Rome s'ébranlent un jour pour célébrer la découverte du Laocoon !

On critique aujourd'hui le fils de Laurent-le-Magnifique ; on lui reproche d'avoir déconsidéré la tiare en encourageant une révolution passionnée. Je ne te cache pas, Charles, que ce puritanisme n'est pas de mon goût ; sans appeler le siècle de Léon X un Thabor, je crois qu'il a jeté un légitime éclat sur la religion, en étalant, à la veille des décadences de l'apostasie, la puissance civilisatrice du catholicisme. Successeurs des patriarches, les Papes connaissent l'humanité, ils savent le jeu qu'il est bon de laisser à ses passions ; n'es-tu pas de mon avis ? Au reste, la tempête ne tarda pas à fondre sur ces nobles délires. Rome fut saccagée, l'Italie foulée par les armées ennemies ; mais la foi catholique resta son privilége national, et déjà Dieu avait suscité un secours à son Église : tu m'entends, Charles, c'est le guerrier blessé de Pampelune, avec sa vaillante compagnie. L'âge des luttes triomphantes s'ouvre avec saint Ignace, pour durer jusqu'à la suppression de l'Ordre.

La révolution châtiera cette grande injustice. Les trônes tomberont ou ils seront ébranlés ; la Papauté verra deux fois l'exil.... Enfin voici Pie IX ! Saisissante image du Disciple bien-aimé, il exalte la Vierge-Mère en proclamant sa Conception Immaculée. Jamais homme n'a été aussi directement en butte aux contradictions du mal ; l'enfer semble n'avoir cure que de le renverser. Dieu répond aux efforts de la rage infernale en accordant à son Vicaire une extraordinaire longévité, servie par un rajeunissement providentiel.... et c'était le jubilé de Pie IX, dépassant les années de Pierre, qui avait amené ton frère au pied du palmier de Sainte-Sabine !

Le R. P. des Cars eut l'obligeance vraiment excessive de monter sur le petit tertre qui entoure le saint arbre et d'en détacher une tige à trois feuilles qu'il me présenta. Je n'oublierai jamais ces procédés de la courtoisie dominicaine à mon égard, à Rome. Tout naturellement et presqu'exclusivement, nous causâmes de la France, de nos désastres.... Le Père nous conta gaiement qu'il était, lui seul, en possession de battre les Prussiens. Voici comment. Lors des attaques que la populace de Berlin dirigea contre la maison des Dominicains de cette ville, c'était le P. des Cars qui en était le supérieur ; après avoir subi maint assaut, les Dominicains restèrent vainqueurs ! — L'église de Saint-Alexis est tout auprès de Sainte-Sabine, nous allâmes la visiter ; elle est complètement restaurée, mais son éloignement des quartiers habités l'expose à rester bien souvent déserte, comme nous la trouvâmes en effet.

Je m'aperçois cependant, cher Charles, que je ne t'ai encore guère entretenu de ce qui t'intéresse le plus à Rome, de la Compagnie ; et pourtant c'est elle qui tient la plus large place dans mes souvenirs de pèlerin. Je m'étais figuré le *Gesù* un grand palais en belles pierres de taille rivalisant avec ce que Rome offre de plus beau : loin de là, c'est une construction assez simple et vraiment dépourvue, si ce n'est du côté de la façade de l'église, de l'aspect monumental. La maison, à l'intérieur, est encore telle que l'a habitée saint Ignace ; il n'y manque même pas un certain cachet de pauvreté monastique. Tu retrouverais là ces longs corridors pavés en briques rouges, que nous avons connus au collège Saint-Michel de Fribourg ; les murs sont ornés des portraits de vos grands hommes, de vos saints, de vos martyrs surtout, et ceux-ci sont nombreux. Il y a un jardin intérieur,

comme dans tous les couvents romains ; je t'assure
que ce sont des potagers-modèles, mais de luxe
point ; il s'en faut. Je me trompe pourtant, il y
a des fontaines ! leur aspect, leur murmure me
délectaient.

Ce fut le R. P. Laurençot qui me fit voir la
maison ; je la parcourus avec un respect ému ;
l'air simplement austère de tout ce que je voyais
m'impressionnait. Je me trouvais donc dans cette
maison, berceau de la Compagnie et de ces saints,
les Pères de nos maîtres aimés, au domicile
même de saint Ignace, mon patron à moi aussi !
Toutes les richesses du *Gesù* sont réunies à
l'église, — elle est magnifique — puis encore à la
bibliothèque qui est très-considérable. Je remarquai le plaisir qu'éprouvait cet aimable P. Laurençot à me la montrer, tout comme si j'avais
été l'ombre d'un savant. Il m'introduisit même
dans quelques pièces séparées, où se trouvent
collectionnés des incunables, des éditions rares,
des ouvrages de très-grand prix, toutes sortes
de chefs-d'œuvre de typographie. Ces grandes
richesses sont un cadeau tout royal de feu
Madame la duchesse de Parme ; c'était la propriété du duc, son mari. La pieuse légataire a
pris soin de placer son legs sous le protectorat
de l'Autriche et, je crois, aussi, de la France,
afin de le sauvegarder des annexions piémontaises. Mais l'Autriche protége-t-elle encore quelque
chose aujourd'hui, et la notion du Droit n'est-
elle pas elle-même reléguée dans la poussière
des bibliothèques ?

Mais je t'entends qui me presses d'arriver au
cœur de la place, à la chambre du saint dont tu
as endossé la livrée. Un vestibule, admirablement

peint à fresque, en forme l'antichambre. Ce sont des médaillons, représentant divers traits de la vie d'Ignace ; ils sont l'œuvre ou plutôt le chef-d'œuvre d'un frère coadjuteur célèbre par son talent. La chambre du saint est plutôt basse qu'élevée, on y monte par quelques degrés ; toutes ses dispositions ont été respectées, la porte même est contemporaine. Une tenture de soie ou de laine rouge tapisse le mur, contre lequel s'adosse un autel.

Je demandai la faveur de pouvoir assister à la messe dans ce sanctuaire, témoin de si sublimes vertus et si cher à nos cœurs ; on me l'accorda sans la moindre condition. C'est ainsi que ton frère eut le bonheur d'entendre la messe du T. R. P. Général dans la chambre même de saint Ignace de Loyola : c'était le 23 Juin. Après le saint sacrifice, j'eus l'honneur de m'entretenir durant quelques instants avec Sa Révérence. La bonté simple, très-exempte d'apprêts, d'un homme de cette taille dans l'armée de l'Eglise m'émut et me restera toujours gravée au cœur. Tel était l'effet de cette débonnaireté, qu'insensiblement je me trouvais presqu'aussi à l'aise avec le T. R. Père Beckx, que si j'eusse été, d'aventure, un de ses anciens élèves. Cette haute intelligence m'écouta ; sa bonté me laissa parler, me sourit, paraissant me dire qu'il me considérait comme un ami. Je n'avais presque pas le temps de m'apercevoir de ma pétulance ni d'en ressentir une juste confu-sion ; au contraire, le bon et digne saint homme me bénit. Dans la pièce adjacente à celle où l'on dit la messe, se trouvent exposées différentes reliques, tant de saint Ignace que de saint Fran-çois de Borgia et de saint François-Xavier, entr'autres le grand parasol de l'apôtre des Indes et du Japon. La même faveur se renouvela pour moi le 29, jour de saint Pierre. Un heureux hasard m'ayant appris que ce jour était la fête du T. R. P. Général, je n'hésitai pas, après la messe, à lui offrir mes vœux d'ancien élève de la Compagnie. En le faisant, je me considérais, cher frère, comme ton mandataire officieux et celui de tous mes amis, tes frères en religion. Ce petit paradis de la dévotion à saint Ignace est cultivé par un Frère sacristain d'une charité tout aimable; il me remit chaque fois une image de la part de Sa Révérence.

J'ai vu aussi plusieurs fois le R. Père Rubillon; il avait connu feu papa, circonstance qui évoquait en moi de bien chères pensées. J'en reçus l'accueil le plus affectueux. Une autre fois, je me présentai au R. Père Anderledi, assistant *Germaniæ superioris* : c'était un souvenir du Sonderbund. Le *Gesù* m'a semblé être de toutes les églises de Rome la plus fréquentée, la plus dévote, et ce n'est, certes, pas peu dire. J'ai oublié de te mentionner le délicieux sanctuaire de Notre-Dame-*della-Strada,* cette image vénérée de saint Ignace; c'est une petite chapelle à gauche du maître-autel, sorte d'asile ouvert aux âmes, à ce moment où l'abondance des grâces reçues les pousse à s'abriter aux pieds de notre divine Protectrice, car toute dévotion n'est-elle pas vaine et sujette à l'illusion, si elle ne nous jette pas, humblement repentants, aux pieds de la sainte Vierge?

A droite et à gauche du transept sont les grands autels de saint Ignace et de saint François-Xavier, chefs-d'œuvre de sculpture et mines de richesses en fait de marbres rares et de ciselures en métal :

les corps des deux saints sont déposés là. Les pierres tombales d'un grand nombre de personnages illustres forment le pavé de l'église. Un jour, je me trouvai agenouillé sur la dalle de cette jeune comtesse de Maistre, née Juchault de Lamoricière, dont la mort précoce a causé une émotion générale parmi les amis de Pie IX. D'après l'inscription du fronton, c'est un cardinal, Alexandre Farnèse, qui a donné ou bâti ou restauré le *Gesù*. Heureuse époque où les grands faisaient de ces choses-là! Aujourd'hui encore, Rome est la ville d'Europe où l'aristocratie a conservé le plus de prestige et se trouve le plus largement posée; cela tient peut-être à son dévouement aux intérêts catholiques. Le niveau démocratique n'a pas encore abaissé les sept collines; elles sont, pour le peuple romain, la source d'avantages matériels et moraux qu'il apprécie. Oui, le Romain aime à se savoir représenté devant l'Europe par ses grandes familles papales; elles le patronnent et forment une cour d'honneur à son légitime Souverain. La charité des princes romains est généralement à la hauteur de leur fortune.

Un dimanche soir, je me trouvais devant le palais Farnèse, vaste et royale construction à la frise fleurdelisée; une place spacieuse et ornée de fontaines s'étend devant. Des paysans y campaient avec leurs femmes et leurs enfants, car la famille voyage tout entière; leurs ânes étaient chargés de légumes pour le marché du lendemain : ils paraissaient venir de loin. Ces braves gens s'établissaient comme chez eux sur les dalles et sous les porches du palais ; on eût dit des oiseaux nichant dans les anfractuosités d'un vieux monument. Ce peuple était endimanché et ne paraissait pas malheureux; il avait cette mine fière que n'ont plus nos pauvres blouses. C'est que les *ruraux* ont toujours été en honneur sur les terres de l'Eglise.

Une des constructions les plus bizarres de Rome, c'est le palais de Venise; il ne ressemble à aucun autre. Figure-toi un castel mauresque, aux murs crénelés, sans fenètres extérieures, voilà le palais de l'ancienne Sérénissime, présentement l'ambassade autrichienne. Bien antérieur à l'époque de la Renaissance, il reflète cette Italie du moyen-âge, guelfe, gibeline ou croisée; les palais de cette époque étaient des forteresses. Les Médicis firent tomber les épées des mains gantelées des Italiens et les armèrent du ciseau et du pinceau. Michel-Ange et Raphaël furent les capitaines légendaires de cette guerre pacifique, mais passionnée, entreprise pour la conquête du beau. C'est à partir de ce temps que Rome et l'Italie se couvrirent de ces somptueuses demeures que Chambord, Fontainebleau, Versailles reproduisirent chez nous, un ou deux siècles plus tard.

Un des plus célèbres palais de Rome, c'est le palais *Braschi*. C'est là, si je ne me trompe, que s'est passée la fameuse aventure de ce père condamné à mourir de faim et nourri par sa fille. Tu dois te rappeler un certain tableau du Jardin d'Angleterre, qui nous intriguait, enfants; il représentait cette scène. On dit que la famille *Braschi* met en vente son historique demeure; elle a tort. A Rome, le blason n'est pas grand chose sans une assise matérielle, fortement cimentée dans les fondements de la cité. Je n'ai fait qu'entrevoir le palais Borghèse, dont les développements m'ont paru immenses ; il est situé entre la place du Peuple et les abords du pont Saint-Ange, le long du Tibre ; je n'ai passé qu'une seule fois dans ce quartier. Quant au palais *Doria,* au *Corso,* il pourrait rougir de la félonie de son maître.

Je ne t'ai pas encore parlé du Père Curci, l'une des célébrités de Rome ; je l'ai entendu trois fois. Il terminait ses conférences sur le patriarche Joseph, qui, depuis trois mois, attiraient au pied de sa chaire, au *Gesù,* un auditoire aussi sympathique que nombreux. J'ai même assez compris et goûté ce prédicateur pour m'expliquer la vogue dont il jouit. Son genre m'a rappelé celui de l'abbé Mühe, notre cousin de sainte mémoire, ou celui de votre Père Klingkowstroëm. Il passe du sublime au ton familier et ne croit pas déroger à la dignité de la chaire en lançant parfois le trait satirique ou burlesque sur la comédie politique du jour. On dit que des révolutionnaires vont l'entendre, attirés par la curiosité, sinon poussés par l'hostilité. La preuve que le Père Curci est un grand orateur, c'est qu'il y a toujours foule à ses sermons.

Cependant le but de mon pèlerinage était atteint ; j'avais vu Pie IX. Les jours s'écoulaient rapidement. Aux fêtes jubilaires avait succédé celle de saint Pierre : je ne voulus pas me mettre en route le dimanche suivant, jour de la Visitation. Comme je tenais à revenir par mer, je dus remettre mon départ au jeudi suivant, car il n'y a plus de départ par bateaux que ces deux jours-là. Ce retard ne fut pas perdu ; je n'eus plus, il est vrai, de douces émotions ; je vis passer le char de triomphe de la Révolution par la ville des Papes ! Les pèlerins français et autres étaient presque tous partis. On annonçait l'arrivée de Victor-Emmanuel pour le 2, car les solennités catholiques devaient avoir leur contre-partie. Il m'en eût coûté d'avoir fui Rome, au moment où la tristesse et l'amertume allaient y envahir les âmes, encore épanouies des fêtes de l'anniversaire. Le jour de la Visitation, j'allai entendre la messe à Sainte-Marie-Majeure et j'eus le bonheur d'y communier. Il y avait très-peu de monde dans la basilique ; tout en prêtant je ne sais quel aliment à ma dévotion, cette solitude, à pareil jour, m'étonna.

Pour moi, visiter le temple par excellence de Marie, au jour de sa visitation, me semblait dans les phases de mon pèlerinage, une fortune si rare que je m'en sentais tout attendri et consolé. Mais, hélas ! lorsque je rentrai dans l'intérieur de Rome, d'autres impressions m'attendaient. Au *Corso,* où l'on débouche en venant du quartier *dei monti,* je trouvai les maisons pavoisées du haut en bas aux couleurs de la Révolution, tandis que l'air morne des rues contrastait avec cette exhibition. Bientôt je me heurtai aux troupes qui stationnaient sur le parcours du cortége de l'usurpateur. Ah ! Charles, quel spectacle navrant ! je voyais l'enfer trôner dans la ville Sainte — (car la croix de Savoie ne parvient pas à masquer l'équerre des Sectes) — les excommuniés fouler aux pieds le sol conquis par saint Pierre, par saint Paul, par tant de millions de martyrs ! Et la malheureuse Italie, dont la Révolution usurpait le nom, était là muette, présentant les armes au sacrilége couronné, reniant sa foi quinze fois séculaire pour revenir à moins qu'au paganisme, au satanisme des ventes !

Je pris par des rues détournées, mais sans parvenir à éviter ces tristes spectacles. Enfin, j'arrive à la place d'Espagne, aux pieds de la colonne de l'Immaculée Conception. Quelle épreuve !.... je crois trouver un abri à mon restaurant habituel, mais point. Les salles étaient envahies. Bientôt le bruit de l'ovation sacrilége, mêlé à la musique, retentit dans la rue. Tout ce public se met aux fenêtres pour acclamer Victor-Emmanuel ! J'étais au fond de la salle, en proie à une émotion en tout pareille à celle que j'éprouvais pendant que les Prussiens bombardaient notre cathédrale, le sentiment de l'indignation impuissante. Au fait, j'étais en plein demi-monde pour le quart-d'heure ; une dame, après boire, demanda des cigares. Le garçon d'hôtel me dit : « *Sono Ferugini* ». Or le secret de la fête était celui-ci : pour procurer au prince *buzurro* un semblant d'accueil national, il avait fallu faire venir à Rome, avec primes et places gratuites, une foule de gens de rien ; et c'était là ce prétendu peuple romain, acclamant son nouveau souverain, dont l'attitude me révoltait.

Je quittai enfin ce milieu déplaisant et allai à la Trinité-des-Monts pour oublier ces tristes impressions. La bonne dame qui m'ouvrit la porte du Sacré-Cœur le fit avec la précaution voulue en temps d'orages politiques ; elle me proposa d'aller à la chapelle, on y chantait vêpres. Le calme profond de ce sanctuaire me reposa délicieusement du tumulte repoussant du dehors ; mais on n'était pas moins triste qu'inquiet dans ce couvent. Une religieuse me dit, en parlant de Victor-Emmanuel, que ce prince était encore plus à plaindre qu'à condamner, que ce qui se faisait sous son nom, était loin d'avoir toujours son aveu. Je n'étais pas aussi charitable ; la sainte religieuse me faisait l'effet de l'ange plaidant la cause du pécheur.

Le soir, au moment où je quittais le petit café de la place du *Gesù,* où j'étais allé souper, j'eus un honneur qui me consola de tous les ennuis de la journée. Un grand civique attablé me désigna comme un zouave ! c'était ma chaîne de saint Pierre, qui me valait d'être pris pour ce que j'avais tant envié d'être. Le lendemain, j'arrêtais ma place sur le bateau à vapeur qui devait partir de Civita-Vecchia le jeudi suivant. La dernière excursion que je fis fut à Saint-Laurent-hors-des-Murs ; c'est une des sept grandes basiliques ; elle est à une demi-lieue de la ville. J'y vénérai le marbre blanc, taché de sang, du diacre martyr ; il est perforé de trous où se fixaient les pieds du gril. Quant au gril, il se trouve à Rome même, à Saint-Laurent-*in-Lucinâ,* si je ne me trompe. Ce sont des Capucins qui desservent la basilique. Le *campo-santo* attenant est, dit-on, une des merveilles de Rome ; mais je dus encore renoncer à le visiter, faute de temps.

Le 5 juillet, veille de mon départ, j'étais allé faire mes adieux aux Pères du *Gesù.* Peu d'instants avant que je vinsse, une tourbe composée de soi-disant conscrits, *la leva,* était venue hurler devant la maison : *morte ai Gesuiti ! morte a Pio nono !* Déjà, le dimanche précédent, jour de l'entrée de Victor-Emmanuel, j'avais vu exposée à une fenêtre faisant face à l'Eglise, une tenture représentant la scène de la femme de Putiphar tentant le vertueux Joseph. Cette exhibition lascive était évidemment à l'adresse du Père Curci, le panégyriste du saint Patriarche. La révolution se connaît en sarcasmes !

Madame la Supérieure de la Trinité-des-Monts, dont j'allai aussi prendre congé, m'engagea vivement d'aller signaler ces indignités au chancelier de l'ambassade, M. Deshorties de Beaulieu. Ce fonctionnaire est le protecteur dévoué du Sacré-Cœur et de tous les établissements français de Rome. Il me reçut fort bien. Je vis un noble et véritable français ; mais il me révéla avec douleur le discrédit, à l'heure présente, de notre diplomatie à Rome, par le contre-coup de nos défaites. Je m'étais déjà aperçu combien le nom français était sans prestige à l'étranger. Pourtant, à ce moment-là, la France était encore représentée, à Rome, par le comte d'Harcourt ; et même notre ambassadeur de circonstance, à Florence, n'était pas venu à Rome y faire escorte à Victor-Emmanuel, le 2 juillet. Notre attitude avait déterminé celle de l'Autriche. Le chancelier m'exprimait sa confiance dans la sagesse de M. Thiers. Hélas ! l'expérience en a été faite depuis, et l'ambassadeur de Florence réside aujourd'hui à Rome ! le vote du 22 mars et l'envoi du sieur Fournier ont achevé notre déconsidération !

Sans m'en douter, j'avais encore d'autres connaissances à Rome : c'était au couvent des Réparatrices. Le nom de Strasbourg est, comme tu sais, une recommandation auprès de ces dames. Madame la Supérieure me reçut avec une affabilité charmante. Leur couvent, voisin de la

Trinité-des-Monts, était à portée de la *Porta Pia*, lors du bombardement ; elles me racontèrent cette horrible journée.

Une promenade aux jardins du Vatican termina mon séjour à Rome ; c'était une faveur. Nous la dûmes, M. de Sury et moi, à la gracieuse entremise de ces Messieurs du Séminaire français. Notre voiture fit le tour de Saint-Pierre, dont le chevet s'adosse aux jardins. Leur partie antérieure est selon le style de Le Nôtre. J'y trouvai la rose papale, comme de juste ; au fond s'étend un ombreux et profond bosquet, traversé par une onde rafraichissante formant cascade. Mais ces jardins sont surtout beaux par leur situation : du haut de leur terrasse, l'œil du Pape contemple un vaste horizon, borné par les montagnes. Ce sont ses Etats, aujourd'hui usurpés, mais que douze siècles de possession ont marqués d'un signe à part. Car même les vestiges de Rome payenne ne s'effacent pas par un plébiscite, et la campagne romaine atteste par ses ruines antiques le passage vengeur des barbares et le triomphe du Labarum ! Ce qu'il faut à l'œil non moins qu'à la conscience, à la vue des horizons romains, c'est le règne de la tiare. Tout autre aspect ne sera jamais qu'une ridicule et sacrilége exhibition d'oripeaux. Le jardinier de Pie IX est un aimable homme ; il s'ingénie à procurer de petites surprises à son bon Maître : humble dévouement qui vaut peut-être mieux que nos bruyantes ovations. Il nous fit cadeau de petits paquets de semences de fleurs.

On ne sort pas du jardin du Vatican sans une mélancolique émotion. Au moment où nous passions devant le parvis de Saint-Pierre, l'*Angelus* sonnait. Nous priâmes, ce furent nos adieux. Puis le fiacre nous fit repasser ce pont Saint-Ange, si poétiquement beau. Je me retournai pour jeter un dernier regard au môle d'Adrien, ce vieux tombeau d'empereur que la Providence destinait à devenir le corps-de-garde des Pontifes-rois. Puis nous nous enfonçâmes dans les rues étroites de la ville. Chemin faisant, nous rencontrâmes des Chinois : c'étaient les membres d'une ambassade que l'on avait amenés à Rome pour émailler le cortége du roi des *buzzuri*.

Le lendemain, à dix heures, la vapeur nous emmenait vers Cività-Vecchia. Ce n'était plus le beau pays de l'Apennin, c'était une plaine aride, ravinée, absolument déserte. On n'y aperçoit pas de villages ; elle n'a d'autres habitants que les buffles qui y paissent : c'est l'antichambre des marais Pontins. On reproche au gouvernement pontifical de n'avoir pas su transformer ces espaces en terres arables ; c'est un thème rebattu depuis Voltaire. Les Papes ont fait exécuter des travaux plus difficiles peut-être et d'une utilité plus incontestable. Ne voyons-nous pas aujourd'hui même les grands propriétaires de la Grande-Bretagne abattre des hameaux entiers pour vouer à la vaine pâture des terres jusque-là cultivées ? Il est à présumer que ce mode d'exploitation aura été reconnu le meilleur aussi, ou, si l'on veut, le seul pratique dans cette contrée, qui m'a fait l'effet d'un exhaussement de l'ancien lit de la mer. Au fait, la végétation n'y ressemble à rien de ce que l'on voit ailleurs.

Le brigandage classique des États-Pontificaux est un autre reproche à la charge des Papes : le théâtre, le pinceau, le crayon en ont stéréotypé les scènes légendaires. En supposant que la somme de sécurité ait été positivement moindre sur les terres de l'Eglise que dans les autres contrées de l'Europe civilisée, je me prenais à penser que la Providence qui a créé l'épine pour servir de rempart au jardin, pourrait bien voir d'un tout autre œil que les touristes, ces mœurs encore âpres et peu commodes des paysans romains. Rome manque absolument de banlieue : nul doute que si la bourgeoisie romaine pouvait aller s'égayer hors des portes de la cité, comme le Parisien hors de ses barrières, on verrait, à Rome aussi, de ces drames de Pantin, auprès desquels les prouesses à manchettes d'un Fra Diavolo ne seraient que des amabilités. Je ne sais, mais je me déplais moins dans la campagne romaine, en face des mines quelque peu algériennes des bergers qui la sillonnent, que dans ces promenades, assurées de par Haussmann contre toute aventure tragique, mais où le vice protégé et souriant vous coudoie.

Nous voyagions avec un jeune prêtre du diocèse de Poitiers, qui revenait en France comme nous. Moins de deux heures après notre départ de Rome, nous voyions la mer... Salut, Méditerranée ! bientôt nous sommes à Civita-Vecchia. Cette petite ville est fortifiée du côté de la mer; nous n'y passâmes que le temps de faire vérifier au consulat français les visas pris à Rome. Je saluai d'un long regard la tiare pontificale, brisée par le marteau révolutionnaire, mais visible encore au tympan des portes de la forteresse... Il y a là toute une accusation contre notre politique; malheureusement on ne s'apprête pas encore à réparer ce tort ! Je me rendis au port.

Les disputes des *vetturini* de Rome étaient des

compliments auprès de ce qui se débitait, de la voix et de la main, à l'abord des canots. Ajoute à cela une nuée de petits baigneurs, en costume primitif, faisant cortége aux embarcations. Enfin nous nous faisons jour, à force de *buona mano,* au travers de cette cohue, et nous parvenons au *San-Pietro,* vapeur de la compagnie Valery où nos places sont retenues depuis Rome. De grands steamers américains dominaient notre pont; à gauche, on apercevait l'*Orénoque* montant encore la garde, au nom de la France, sur ce rivage par elle délaissé ! Bientôt la machine imprime sa secousse cadencée à notre habitation flottante et nous voilà hors du port.

La côte se distance rapidement, en même temps qu'un léger tangage nous berce sur l'onde bleue, non sans laisser de soulever autour de nous de ces révolutions où la politique n'a aucune part. Nous tinmes fermes, témoins impassibles des événements; nous jouissions de la mer. Tout était Corse à bord du *San-Pietro* depuis le capitaine jusqu'aux marmitons; nous n'étions qu'une quinzaine de passagers, dont la moitié aux premières, l'autre moitié aux secondes; le navire était surchargé de marchandises. Nous avions à bord le jeune prince Izturbide avec la jeune hongroise qu'il venait d'épouser. Ce descendant de Montezuma est un fort bel hidalgo; il a eu l'honneur de servir dans les dragons de Pie IX; ses relations avec l'infortuné Maximilien l'ont bien mis en cour à Vienne. Mais je vis à ce sujet combien le laisser-aller moderne fait peu de partisans aux grands... Nous n'apercevions plus que de très-loin la côte d'Italie; vers six heures, on dressa la table sur le pont et nous dinâmes. Je ne me lassais pas de contempler la mer; je jouissais de toutes les magnificences d'une soirée de juillet sur la mer Tyrrhénienne. La nuit vint, mais insensiblement, comme un rideau qui s'abaisse avec égard pour les spectateurs. Peu à peu le pont se dégarnit, je restai seul à jouir de la brise, du silence de l'espace et du miroir des flots. Vers minuit, je m'assis auprès du capitaine et lui demandai le nom des terres que je voyais au couchant; nous avions déjà dépassé la pointe de la Corse, peu visible d'ailleurs; il me dit que la côte en vue était *Porto-Ferraio*... forêt de souvenirs pour moi, pour toi, si tu avais entendu prononcer ce nom en ce lieu. Voici comment: te rappelles-tu ces grands tableaux de la chambre de papa, au Jardin d'Angleterre, représentant les évolutions navales des Anglais et des Français de 1796 à 1799? eh bien! je naviguais dans ces eaux que mes regards d'enfant avaient tant de fois contemplées en gravures. Les souvenirs d'enfance, parfumés des lointaines senteurs de la maison paternelle, donnent un charme inexplicable aux incidents de la vie. Il faisait nuit noire lorsque le capitaine me désigna l'île d'Elbe, la fameuse! Les phares pivotants de toutes ces côtes jetaient des éclats intermittents, qui figuraient des volcans fantastiques s'embrasant et s'éteignant tour à tour. J'assistai à la manœuvre de nuit; je vis les matelots de quart se relever. Tout cela n'était rien pour mon gros Corse de capitaine, mais c'était souverainement neuf pour un Strasbourgeois. Il faut avoir l'œil aux aguets dans cet archipel toscan, pour éviter les rencontres; car il est sillonné de navires. Le choc et le naufrage de *l'Abatucci* étaient présents à la mémoire de plus d'un passager. Mais la poésie de la nuit, la fraicheur délicieuse de l'atmosphère m'enivraient ; je ne descendis dans ma cabine que vers le matin et très à regret. Lorsque je m'éveillai, le bateau entrait dans le port de Livourne.

Nous nous vîmes aussitôt entourés d'une foule de petites coquilles de noix, montées par des rameurs en guenilles ; c'étaient les voitures de place de céans. Le jeune ecclésiastique, notre compagnon, voulait dire sa messe ; je montai en nacelle avec lui. Ce port consiste en une série de bassins qui abriteraient des flottes. Je vis là en passant cette statue de Jean de Médicis, autre souvenir de nos tableaux.... Le premier cicerone qui nous accosta sur le rivage, nous proposa d'aller voir la synagogue.... bel échantillon de Livourne. Nous nous rendîmes par le plus court à la cathédrale. Aussitôt après l'auguste sacrifice, nous nous hâtâmes de regagner le port, n'emportant pas de la ville une impression heureuse. Les rues de Livourne ont leurs voies dallées, pour le facile roulement des voitures, comme celles de Milan.

Revenu à bord, j'eus la journée entière pour observer les scènes du port. Figure-toi un va-et-vient continuel de bateaux qui accostent les navires pour les décharger ou leur apporter de la cargaison. Sans la nouveauté, sans les figures et les attitudes des mariniers, c'eût été monotone ; une scène gracieuse se détacha cependant de l'ensemble. Une toute petite nacelle, montée par un pauvre boiteux et son enfant, tournoyait autour du *San-Pietro,* pour offrir aux passagers un petit fond de boutique consistant en statuettes d'albâtre ; il y avait entr'autres une tour penchée de Pise d'une délicatesse achevée ; il y avait aussi des images de Pie IX, car son portrait est populaire par toute l'Italie. Après bien des peines, le pauvre homme parvint à monter à bord avec sa petite fortune ; je l'eusse volontiers débarrassé du tout, n'eut été la difficulté du transport pour des objets aussi fragiles. Néanmoins je me repens encore aujourd'hui de n'avoir pas mis la joie au cœur de ce pauvre, au risque de ne savoir que faire de mes acquisitions.

Le soir, lorsque le *San-Pietro* eut complété son chargement, on leva l'ancre. Tandis que nous contemplions la côte fuyante, un jeune officier de la marine de guerre américaine s'approcha de l'abbé B...., et, d'un air visiblement amical, lui dit : « *I am catholic* » c'est tout ce que je pus traduire à l'abbé. L'officier disait aussi connaitre Mgr Spealding, archevêque de New-York. Du reste le rayonnement du visage de ce bon jeune homme, à la vue de la soutane catholique, parlait pour lui.

Je m'étais couché cette nuit-là un peu moins tard que la veille, afin de me reposer, lorsque nous fûmes tout-à-coup réveillés, M. de Sury et moi, par l'arrêt brusque du navire. Car, de même que le bruit et le mouvement endorment, leur subite interruption donne une secousse nerveuse qui brise le sommeil. Nous montâmes sur le pont ; on nous dit que la machine s'était dérangée. Nous apprimes plus tard qu'un bras de la turbine s'était cassé. Cet accident ralentit beaucoup notre marche. Je regagnai ma cabine ; lorsque je me réveillai, nous entrions dans le port de Gênes.

C'était un beau spectacle ; le soleil éclairait les forts, les villas de la montagne contre laquelle la ville s'adosse. Bientôt les canots nous entourèrent pour nous conduire à terre. On est littéralement rançonné par les mariniers de Livourne et de Gênes ; il faut se rappeler que c'est la graine qui a produit « nos fameux Marseillais. » Enfin, après de longues négociations, plusieurs fois rompues et reprises, nous faisons marché à 1 franc par tête, pour aller de navire à quai. Je vis alors l'étendue et l'importance de ce vaste port. Nous descendîmes à « l'Hôtel de la Ville, » un des principaux de Gênes. Ce qui me frappa dès mon entrée, c'est un certain air de grande tenue qui contrastait avec l'aspect de Livourne. Des agents de police, en longues redingotes noires, avec chapeaux ronds et cravates blanches, parfaitement rasés d'ailleurs, observent poliment et finement ce qui se passe, appuyés sur de grandes cannes de tambour-major ; c'est d'un effet assez drôle. Le type aristocratique et défiant de l'ancienne république gênoise n'y manque pas. Gênes est bordée d'ombreuses arcades, comme Bologne ; les rues sont plutôt étroites que larges, on y est suffisamment à l'abri du soleil.

Notre première visite fut pour la cathédrale ; c'est une église étincelante de dorures, mais l'extérieur est délabré. L'abbé y dit sa messe, j'eus le bonheur d'y communier ; c'était le samedi, 8 juillet.

Nous parcourûmes ensuite la ville. Il m'a paru que la transformation artistique de la Renaissance n'avait point dépouillé cette antique cité de ses monuments antérieurs : Gênes offre encore l'aspect qu'elle pouvait avoir, il y a quatre siècles.

Les monuments n'y manquent pas ; je me rappelle une église d'un caractère original, toute de marbre noir et blanc, les assises des blocs se croisant en damier ; on y faisait une cérémonie funèbre. Une des curiosités principales est le palais Doria, situé au sommet de l'amphithéâtre que forme la ville. Nous nous y rendîmes, par un soleil dont la mer reflétait les torréfiantes splendeurs ; c'était péniblement beau. Le palais est comme un musée tout rempli des souvenirs d'André Doria, le célèbre homme de mer du xvie siècle, mais qui passa de l'alliance du roi de France à celle de Charles-Quint. La fortune de la France baissait pour lors ; ils seront toujours rares les amis de l'heure mauvaise. Trophées, statues, portraits, tout, dans ce palais, redit les hauts faits du guerrier ; mais son vieux fauteuil, que l'on montre, témoigne mieux de la simplicité de vie qui forme les grands caractères. Les familles patriciennes d'Italie décernent un véritable culte à leurs héros ; les arts sont voués à leur apothéose, même au risque de dépasser le but. Ce luxe de monuments jette une perpétuelle leçon aux descendants ; il est en même temps une des principales sources de l'inspiration. Mais il faut avouer que l'héritier actuel du nom de Doria lui fait une irrémédiable injure, en adhérant au gouvernement de Victor-Emmanuel, à Rome. La félonie envers le Pape imprime une flétrissure plus profonde ; le félon se révolte directement contre Dieu ! La situation du palais est magnifique. De sa terrasse ombragée d'orangers, l'œil plane au loin sur cette mer qui semble étonnée de ne plus appartenir, comme jadis, aux galères de la seigneurie. Ces répu-

bliques italiennes étaient nées des réactions chrétiennes contre la tyrannie des Césars allemands;
elles grandirent par la piété; l'indifférentisme
les a tuées. Mais laissons ces souvenirs, pour
nous réfugier sous un nom consolant et que le
temps n'usera pas. C'était aussi un Génois, celui-
là, et issu de la plus haute noblesse; mais, tout
jeune, il avait renoncé aux grandeurs et aux
séductions du monde, pour embrasser la pauvreté de Jésus-Christ, sous l'habit du jésuite, et
aller mourir héroïquement au Japon! Celui-là,
tu l'as déjà nommé, cher frère, car tu portes
son nom, le Père Charles Spinola, tout récemment béatifié par Pie IX. O bienheureux Charles,
souvenez-vous de Gênes, votre patrie, priez pour
l'Italie! Les saints consolent des hommes; ils
sont seuls à soutenir la réputation des nations
et des races.

Je retrouvai à la cathédrale M. A. Loth dont
j'avais fait la connaissance à Rome. Nous vîmes
aussi le comte Gnecco, un ancien élève de Fribourg; il me dit avoir été condisciple de feu
Gaëtan et, je crois, aussi le tien. Il n'eut tenu
qu'à moi de passer quelques jours chez lui et
de voir ainsi bien à mon aise Gênes-la-Superbe;
mais j'avais hâte de regagner Strasbourg, étant
sans nouvelles depuis assez longtemps. M. de
Sury, lui, accepta l'invitation de Gnecco; je retournai donc seul, le soir, au *San-Pietro*.

La nuit fut plus calme, plus splendide encore
que les deux précédentes; nous eûmes, vers dix
heures, le magnifique spectacle du lever de la
lune. La mer a sa beauté propre. La main de
l'homme n'a pas pu, ne pourra pas la mettre
en œuvre, la gâter, disons le mot; c'est bien

encore la créature de Dieu, telle que ses mains l'ont faite ; les flots ne s'inclinent sous l'homme que librement, témoins leurs émeutes et leurs journées terribles. On a pu percer les Alpes, on pourra saper des chaînes entières, on n'apprivoisera point la mer.

Je passai encore la nuit sur le pont, à jouir de ce charme des eaux. Vers minuit, un point lumineux sur la côte fixa mon attention ; ayant demandé le nom de cette localité, on me répondit : *Porto-Maurizio*! ah ! salut, patrie de ce dévôt passionné de l'Immaculée Conception de Marie ! salut, lieu natal du bienheureux Léonard de Port-Maurice ! je t'ai salué par ma dernière prière du samedi et ma première du dimanche, 9 juillet, jour où l'église célèbre la fête de Notre-Dame-des-Miracles. La surprise de cet instant ému a certainement été l'une des plus douces de tout mon voyage.

Le matin venu, nous naviguions dans la magnifique rade d'Hyères. Entre la côte et nous s'apercevait le *Louis XIV,* vaisseau-école du port de Toulon ; je ne vis pas Toulon qui se dissimule dans le lointain. Ce ne fut que l'après-midi que nous longeâmes les îles d'Hyères, les laissant à notre gauche. Je me repaissais à ce moment d'un projet qui allait être désillusionné. L'hiver qui suivit mon mariage, ma belle-mère avait habité Hyères, en compagnie d'une de mes belles-sœurs malade ; elle en était revenue enchantée de la Provence, au point que l'on était toujours le bienvenu auprès d'elle lorsqu'on mettait la conversation sur ces lieux où elle s'était tant plu. Aussi me promettais-je bien de lui narrer au long ma navigation sur ces bords enchanteurs, de mêler mes impressions aux siennes. Ce désir ne devait, hélas ! plus recevoir son accomplissement. Ma pauvre et digne belle-mère n'était plus de ce monde ; elle était morte le 2, le jour même de la Visitation : je n'appris la triste nouvelle que quelques jours plus tard.

Les vaisseaux qui apparaissaient derrière nous à l'horizon ne tardaient pas à nous rejoindre, par suite de l'accident arrivé à notre *San-Pietro*. Cela prolongeait pour ton frère le plaisir de la mer ; je fouillais de mes regards le désert de l'horizon, accidenté par quelques voiles, comme le papillon effleure le gazon. L'Afrique était au bout, champ immense de rêveries. Mais le capitaine entrait en fureur de tous ces retards, où je trouvais tant d'agrément. Une troupe de jeunes dauphins passa très-près de nous, s'ébattant sur deux rangs comme pour une partie de barres : les Provençaux les appellent des marsouins.

Cependant le cap Cissié se perdait de plus en plus dans un vaporeux lointain ; c'était le dernier jalon de la route de Rome, je le saluai d'un dernier regard. Vers six heures, on se rapprocha de la côte ; d'âpres rochers à pic avaient remplacé la brillante végétation d'Hyères. Le capitaine signala à notre attention un petit port à demi caché dans un angle de ce promontoire de granit : c'était la Ciotat. Providence ! ce nom provoquait, bien à l'insu de celui qui le prononçait, une explosion de souvenirs en moi. Au nom de la Ciotat, le saint Père Barrelle m'était revenu en pensée et avec lui toute la galerie de Fribourg. C'était donc là qu'était né cet homme si supérieur, ce religieux si prodigieusement humble dont j'avais eu le privilége d'être élève ; c'était là qu'il avait grandi ; quelle vie pleine et quel contraste avec le vide de tant d'autres !

Nous n'avions pas encore doublé les derniers rochers qu'un Marseillais du bord montrait du doigt : « la Bonne-Mère. » C'était la statue de Notre-Dame de la Garde qui s'élève, dorée, au-dessus des éminences qui bordent la plage. J'éprouvai, je te l'avoue, un tressaillement de cœur en entendant appeler en français et dans ce langage familier la Très-Sainte Vierge ! Le respect humain n'a donc pas encore extirpé ce vestige de foi de la langue parlée sur ce point des vieilles Gaules. Ah ! Dieu merci ; et dites toujours : la bonne Mère, peuple de Provence ; conservez-le toujours ce langage naïf du cœur ; il vous protégera contre l'envahissement croissant de cette froide indifférence, bien autrement redoutable que les tempêtes de la mer. Puisse la foi, symbolisée sous ce vocable si vraiment pieux, vous rester comme le legs inaliénable de saint Lazare, votre premier évêque, de sainte Magdeleine et de sainte Marthe, qui reçurent un jour l'hospitalité sur votre rivage !

Nous laissons à notre gauche le rocailleux îlot du château d'If, corps-de-garde du port ; encore quelques tours de turbine et voici Marseille ! Il pouvait être sept heures, la soirée était splendide. Au-devant du port, de légères embarcations à voiles, montées par des groupes joyeux, prenaient des ris sur l'onde houleuse. Les bassins du port avec leurs forêts de mâts se déroulent lentement à nos regards ; ce n'est pas un port, mais une série de ports. Sur un monticule verdoyant s'élève une construction prétentieuse, d'apparence moderne ; on l'appelle : le château de l'empereur.... *Sic vos, non vobis,* etc., etc. Nous étions sur le pont, captivés par le spectacle de ce grand foyer de l'activité humaine. Je ne pouvais toutefois me défendre de cette mélancolie où vous jette souvent le bruissement empressé d'une grande ville.... Quelle est la passion dominante de tout ce peuple ? quel est le moteur de ces gigantesques efforts ? — Et alors on se prend à préférer une prospérité plus mesurée, plus calme, qui laisserait à l'âme le loisir et le goût d'autres bénéfices et d'autres enthousiasmes !

Ce ne fut pas sans peine que notre petit vapeur trouva son chemin à travers les vaisseaux rangés côte à côte dans les docks, comme des escadrons de cuirassiers dans la cour des Tuileries. Chaque minute de retard faisait bondir de colère un consul espagnol, véritable *irato*, qui affichait pour la France une aversion blessante ; le prince Izturbide, au contraire, paraissait ravi. Un agent de police vérifie nos passeports, on était encore sous le coup des évènements qui avaient ensanglanté la ville deux mois auparavant. Enfin nous prenons terre et nous passons à la douane, où je retrouve cet honnête uniforme vert et gris, aimé du protectionniste et souvenir d'enfance pour un Strasbourgeois.

Je me fis conduire à l'hôtel de Rome, rue de Rome, sans autre motif de préférence que le nom, plus un vague souvenir de Fribourg ; car tu sais que c'est par Fribourg que nous connaissons Marseille...

C'était un dimanche, je n'avais pas eu la sainte messe ; j'allai prier dans l'église la plus proche. La pauvreté de ce sanctuaire, dont j'ignore le nom, me frappa péniblement, je te

l'avoue. J'étais encore sous l'impression des riche
églises d'Italie, il est vrai ; le contraste était tro
brusque. Cependant une émotion meilleure vir
me consoler ; on baptisait un enfant. C'étaient de
gens du peuple ou de la petite bourgeoisie ; j'éta
seul témoin, dans l'église- déserte, de l'adminir
tration du sacrement régénérateur. A la questio
du nom à donner à l'enfant, il fut répondu
Marie ! — Eh bien, te le dirai-je, ce nom si dou:
si tutélaire, me fit l'effet d'un cri d'espérance qu
me jetait le monde invisible au milieu des ir
pressions qui me navraient à ce moment. J'e
avais besoin, à vrai dire : à peine débarqué e
France, j'avais vu déborder sur les cours — c
sont les boulevards de Marseille — une foul
élégante, gaie, affolée même ; l'inconscience de
malheurs de notre pauvre patrie m'avait par
générale et absolue. Et mon pays annexé, nc
villes en ruines m'étaient apparues comme de
témoins à charge contre l'air de fête de la capital
du midi. Que veux-tu? les impressions sont plu
fortes que vous ; elles peuvent être inexacte:
injustes ; elles ne s'en imposent pas moins.

Marseille est une des plus anciennes villes d
monde ; et cependant je n'y voyais que des quai
tiers tout neufs, type de tout ce que sait fair
l'édilité moderne. Je me trouvais donc désap
pointé dans cette noble cité des Phocéens dor
j'avais tant entendu parler. Un accueil cordia
d'anciens condisciples de Fribourg vint à poir
nommé, sur ces entrefaites, me dédommager d
ma déception. Je trouvai là ce vieux Marseill
du Père Barrelle que je cherchais vainemen
Nous causâmes à l'aise du bon vieux temps. J'aj
pris là le voyage d'Henri V à Chambord ; je lu

dans la *Gazette du [Midi* [sa belle proclamation rompant en visière avec le libéralisme de tous les degrés par le maintien du drapeau blanc : cette soirée fut le bouquet de mon séjour à Marseille.

J'avais encore une autre visite à faire, c'était à Notre-Dame-de-la-Garde, à la Bonne-Mère; je fis ce pèlerinage le lendemain matin. C'est une colline âpre à gravir; les voitures n'y montent qu'au pas et à raison de 4 ou 5 francs, deux raisons pour moi d'aller à pied. Mais quel ne fut pas mon étonnement, en arrivant au haut de la colline, de trouver les abords du sanctuaire transformés en batterie; il y avait des canons, des obusiers, des fusils en faisceaux; le clairon sonnait. Je me rappelai alors que Notre-Dame-de-la-Garde est aussi la citadelle de Marseille. C'est en effet du pied du sanctuaire que partirent les coups qui broyèrent la dernière insurrection. Mais cet appareil guerrier symbolisait admirablement le culte et les attributs de la Vierge Terrible. Je me rappelai en même temps l'incident du baptême de la veille, ce nom de Marie qui doit surnager, comme une arche de salut, au-dessus des flots de nos désastres.

Le sanctuaire n'est pas terminé ; je t'avoue que je me l'étais figuré plus monumental, plus splendide. Marseille rebâtit, il est vrai, sa cathédrale ; mais on est loin, bien loin même des églises de Gênes. En constatant cette différence, disons le mot, cette infériorité, je me consolais à la pensée que sans doute la vocation des nations n'est pas la même dans les desseins de Dieu. L'Italie a confessé sa foi par les chefs-d'œuvre de ses peintres, de ses architectes, de ses sculpteurs; elle a comme enchâssé le culte dans l'éclat de ses monuments, c'est sa gloire propre ; elle a mis son génie artistique au service du catholicisme.

La France semble plus spécialement appelée aux périlleux honneurs de la foi militante et de l'apostolat. Même en dépit de l'indifférentisme qui la ronge, la mission propagatrice de la France s'est révélée par des œuvres magnifiques, comme la Propagation de la Foi, la Sainte-Enfance, la Société de saint Vincent-de-Paul. Ces pléiades généreuses de nos missionnaires, de nos religieuses allant évangéliser les sauvages, voilà notre gloire à nous. Les temples de bambous de l'Extrême-Orient nous dédommagent quelque peu de la pauvreté de nos églises, dénudées par le vandalisme des mauvais jours. J'eus le bonheur de faire mes dévotions à Notre-Dame ; j'achetai ensuite un chapelet et redescendis dans la ville ; une heure après je partais pour Lyon.

Tu sais comme on voit un pays en chemin de fer. J'avais à ma droite la chaîne des Alpines, à ma gauche le Rhône. Le pays m'a paru justifier son surnom de gueuse parfumée, car c'est ainsi qu'on appelle la Provence : c'est pauvre, mais avec les pierreries, les émeraudes d'un ciel chaud. J'entrevis Arles et son château du roi René ; on m'indiqua le mont Ventoux, le géant de cette chaîne de collines. D'Avignon, je ne vis rien, pas même le château des Papes ; c'est trop en plaine. Mais à partir du comtat Venaissin, la contrée change d'aspect, c'est un plantureux verger jusqu'à Valence, dernière limite du midi.

A minuit, notre convoi traversait Lyon. Au sortir de Vaise, à l'issue d'un tunnel, une violente secousse nous lança tous plus vite que je ne l'écris, les uns contre les autres. Pour ma part, j'avais embrassé un maréchal-des-logis d'artillerie, mon vis-à-vis. Qu'était-ce ? — L'arrêt brusque du train en disait assez, et l'obscurité profonde où nous nous trouvions ne laissait pas que de nous inquiéter. Nous ne savions ni si c'était un grand malheur, ni si c'était tout. Des soldats — car le convoi en était rempli — prirent la chose par le côté plaisant ; je pris exemple sur ces braves. Enfin, après bien des questions et des tâtonnements, nous sûmes que le train avait heurté des wagons de marchandises oubliés sur la voie. On vira de bord sur Lyon. Là, on passa une heure à réparer les avaries, à panser les contusionnés. Pour moi, je remerciai du fond du cœur Notre-Dame de Fourvières de sa protection ; deux jours après, j'étais de retour à Strasbourg.

B. POLIDORO.

6547. — Abbeville, typ. et lith. C. PAILLART,

TABLE DES MATIÈRES

TROISIÈME PARTIE

QUATRIÈME PARTIE

CHATEAUDUN

IMPRIMERIE DE LA SOCIÉTÉ TYPOGRAPHIQUE

3, rue de Blois

L'HUMANITÉ

« *L'homme s'agite
et l'Humanité le mène.* »
(Auguste Comte).

PRÉAMBULE

Notre époque est réellement singulière ; elle est remplie de contradictions, et, certainement, elle doit paraître inintelligible à ceux qui n'ont pas les lumières nécessaires pour ne voir en elle qu'un état transitoire.

Ainsi, le développement de la civilisation générale est merveilleux. L'interpénétration des peuples est universelle ; ils se rendent continuellement de mutuels services. Cependant, nous voyons encore régner sur la terre un égoïsme national tel que le brigandage militaire est toujours en honneur, que certaines nations agissent sans égards pour les autres et qu'un très grand nombre de natures humaines, même cultivées, ressentent une instinctive antipathie pour tout ce qui n'émane pas de leur propre patrie.

Heureusement, ce sentiment aveugle provient moins des passions personnelles ou collectives, qui servent ordinairement d'inspiratrices souveraines au vulgaire des hommes, que de l'ignorance dans laquelle l'esprit public est maintenu au sujet des généralités sociologiques et, notamment, de l'étroite solidarité qui rattache toutes les sociétés humaines les unes aux autres, et les fait concourir à une seule existence, de la même manière que concourent les appareils divers, mais inséparables, d'un organisme supérieur.

Chaque éducation nationale s'efforce bien de convaincre que nous ne vivrions pas sans la Patrie et que celle-ci ne saurait subsister si nous négligions nos devoirs envers elle ; mais elle s'abstient d'enseigner que chaque Patrie se trouve dans des conditions absolument identiques vis-à-vis des autres Patries et que la méconnaissance de ses devoirs à leur égard est, à la fois, une source de malaise général et la manifestation d'une grossière erreur, autant que d'un sentiment injustifié.

En réalité, nous vivons par et pour l'Humanité, comme nous vivons par et pour la Patrie, par et pour la Cité, par et pour la Famille.

C'est une fatalité sociologique qui équivaut, pour le Positivisme, à un dogme scientifique.

L'Humanité, dont le Positivisme institue la connaissance, l'amour et le service, n'est pas, en effet, un être mystique, une conception purement abstraite. Ce n'est pas une divinité nouvelle, invérifiable et invisible. En un mot, ce n'est pas une entité métaphysique. C'est l'association des Patries qui ont travaillé, dans le passé, et qui travaillent, dans le présent, à l'œuvre grandiose, toujours inachevée, de la civilisation générale.

En fait, cette association existe ; elle a même toujours existé, d'une manière plus ou moins prononcée.

La mission du présent, celle de l'avenir surtout, est de transformer cette condition spontanée et méconnue en une situation systématique et volontaire dont nous nous approchons journellement, en dépit des apparences.

Car, malgré l'égoïsme national, malgré le défaut d'une convenable éducation sociologique, l'idée que tous les hommes répandus sur la surface de la planète constituent, sans distinction de Patrie, ni de race, conformément à l'opinion de Condorcet, un grand peuple unique coopérant à la même œuvre ininterrompue, commence à se propager, dans les sociétés civilisées, avec une vigueur et une persistance remarquables ; elle ne s'impose plus seulement à la méditation des philosophes ; elle devient familière aux praticiens ; elle imprègne le sentiment social des prolétaires ; elle influe même sur la politique extérieure des États.

Quel peut être le sort de cet idéal nouveau que nous voyons poindre ? Quel sera le résultat de ce mouvement universel qui entraîne maintenant les plus rebelles ?

Pour s'en rendre compte, il faut remonter jusqu'à leurs origines et rechercher si, d'aventure, ils ne seraient pas, comme tous les grands phénomènes sociaux, dont nous sommes aujourd'hui les témoins, l'épanouissement superbe de quelque lente évolution, dont le début serait contemporain de celui des grandes sociétés humaines elles-mêmes.

Or, il est facile de constater qu'il en est ainsi et que la notion d'Humanité, considérée par les esprits superficiels comme une vue chimérique et passagère, comme une illusion maladive, spéciale aux doux rêveurs de notre temps, a des racines puissantes et millénaires qui plongent jusque dans les civilisations primitives. C'est un germe très ancien dont le climat social actuel excite, d'une manière intensive, le développement et dont les générations futures auront le bonheur de contempler la floraison et de récolter les fruits.

Je crois, du moins, pouvoir l'établir dans cette étude où je me propose :

1º De démontrer que la conception de l'Humanité est une conception positive, naturelle, spontanée, nécessaire, basée sur l'observation et l'expérience ;

2º D'étudier l'évolution que cette conception a suivie et comment elle est devenue scientifique ;

3º Enfin, de faire connaître comment le Positivisme la

systématise, en la considérant comme destinée à réaliser, d'une manière durable, au point de vue individuel et collectif, l'unité des pensées, des affections et des actes de tous les hommes présents et futurs.

PREMIÈRE PARTIE

Conception spontanée de l'Humanité.

DIVISION DU SUJET

Si la conception de l'Humanité repose, comme nous le
prétendons, sur l'observation de phénomènes naturels
et réels, si, vraiment, elle est le fruit de l'expérience,
elle a dû nécessairement, comme toutes les conceptions
scientifiques, surgir d'abord, spontanément, d'une manière plus ou moins vague et confuse.

En effet, à mesure que l'évolution humaine s'est
déroulée, les hommes ont de plus en plus clairement
aperçu que les nations étaient liées les unes aux autres,
non seulement dans le présent, sous l'aspect de la solidarité dans l'espace, mais encore dans la série des âges,
sous la forme de la solidarité dans le temps, c'est-à-dire
de la continuité.

CHAPITRE Ier

Spontanéité de la conception de l'Humanité sous la forme de la solidarité des Patries, dans l'espace.

En ce qui concerne spécialement la solidarité présente, l'espèce, suivant une évolution dont la vitesse seule fut différente de celle que l'individu répète inconsciemment aujourd'hui, s'est successivement élevée de la notion élémentaire de collectivité que donne la famille, et qui primitivement est exclusive de toute autre : à celle de clan, de cité, de province, puis de Patrie ; ensuite, à celles d'Orient et d'Occident, d'abord distinctes, puis combinées ; enfin à celle du genre humain tout entier.

En raison de la nature étroite et limitée de ses relations, l'homme, en effet, n'a d'abord vécu que pour la Famille ; plus tard seulement, il a vécu pour la Patrie, originellement réduite au village, puis à la cité.

Sans parler des divers âges de la pierre où la solidarité existait déjà, puisque des traces identiques des phases correspondantes se retrouvent sur tous les points de la planète, et puisqu'on découvre, dans quelques-uns, certaines matières, telles que l'ambre fossile, qui n'ont pu y être introduites que par le commerce, on peut dire très exactement que le premier essor historique de la solidarité internationale remonte à la prépondérance naissante des guerriers sur les prêtres, à l'époque où les grandes théocraties de l'Orient sont sorties de leur immobilisme et de leur isolement. Ce grand événement sociologique s'est produit vers le temps où, dix-huit siècles environ avant l'ère chrétienne, les Pharaons franchirent l'isthme de Suez et où l'Égypte et l'Assyrie se heurtèrent pour la première fois. Alors, les peuples civilisés commencèrent à se mélanger, d'une manière continue, à se pénétrer, à nouer des relations qui, depuis, n'ont cessé de s'étendre et de se multiplier.

Alors, l'Afrique, l'Inde et l'Asie convergèrent vers Babylone, centre du commerce et de la science, et l'ère des traités de commerce et d'alliance, dont les traces et les textes abondent dans l'histoire des anciennes civilisations de l'Orient, fut ouverte.

Les représentants de la civilisation Phénicienne, en transportant, dans leurs colonies et dans leurs expéditions, avec les autres matières d'échange, les images des Dieux dont ils trafiquaient et les idées du Polythéisme, établirent, entre tous les peuples de l'Ancien Monde, des rapports économiques et philosophiques auxquels la civilisation Persane, la colonisation Grecque, puis les guerres Médiques et les expéditions d'Alexandre donnèrent ultérieurement une vigoureuee impulsion et une première unité.

La notion de solidarité des Patries s'est ensuite superbement épanouie avec la civilisation Romaine qui entraîna, dans son formidable orbite, un millier de peuples divers.

Alors, cette notion devint même très précise dans les têtes pensantes, comme l'indique ce beau vers de Lucain, inspiré par Caton :

Nec sibi, sed toti genitum se credere mundo.

Puis, les religions universelles, spécialement le monothéisme Catholique et ses conciles œcuméniques, et le monothéisme Islamique, rendirent le sentiment social populaire en faisant effectivement fraterniser des patries différentes et des races diverses. Ces deux monothéismes consolidèrent fortement la notion spontanée de la solidarité humaine générale.

Les Croisades rendirent cette solidarité évidente et firent surgir à la fois la notion de République Occidentale, synthétisée par la papauté, sous le nom de chrétienté, et celle d'Orient moderne.

Puis les navigateurs et les explorateurs du xve siècle et des siècles suivants rallièrent à l'Europe et entre elles toutes les autres parties du monde et inaugurèrent la constitution du système universel des nations de notre globe.

Alors la notion de la solidarité s'accusa même par des faits significatifs, qui attestent sa précision graduelle.

Tels sont particulièrement :

Le plan de réorganisation de l'Europe par Henri IV :

Les écrits des Encyclopédistes sur la tolérance religieuse et sur l'identité de nature de tous les hommes qui peuplent la planète ;

La déclaration des droits de l'homme et la proclamation de la fraternité des peuples par la Révolution Française ;

L'émancipation des noirs ; l'abolition de l'esclavage ; la désuétude progressive des préjugés de race et de couleur.

En résumé, antérieurement à notre époque, comme je l'ai, d'une manière plus explicite, établi dans la première partie d'une étude antérieure intitulée *l'Unification du genre humain* (1), la solidarité a donné naissance à quatre systèmes de nations, successifs et de plus en plus étendus : le système de nations de la haute antiquité ; celui de la civilisation romaine ; celui du Moyen-âge ; celui des Temps modernes.

Mais un nouveau système est évidemment en voie de

(1) Pp. 9 à 70.

formation. Car, grâce à l'exploration et à l'exploitation universelles de la planète, aux progrès de la navigation et des rapports internationaux, au développement croissant de la civilisation pacifique, scientifique, industrielle et commerciale, le sentiment de la solidarité a pris spontanément un tel essor qu'il embrasse, de nos jours, non seulement tous les représentants de la race blanche, mais tous les êtres de notre espèce, vivant à la surface du globe, et tend à les considérer plutôt comme un genre unique d'êtres vivants que comme des peuples distincts.

Par suite de l'incorparation définitive du Japon et de la Chine au système général des nations qui participent à une vie commune, la solidarité, bornée à l'Occident et à l'Orient, jusqu'au début des Temps modernes, s'étend désormais à tous les habitants de la terre.

En effet, si démesurée que soit la hauteur à laquelle l'orgueil puisse s'élever dans quelques têtes humaines, il est impossible de contester qu'aucune famille ne saurait aujourd'hui pourvoir à tous ses besoins matériels, intellectuels et moraux, avec indépendance.

Toutes les familles sont solidaires les unes des autres, dans une même cité.

De même, quoique avec une intensité moindre, toutes les cités sont solidaires, dans une même Patrie, et toutes les Patries sont solidaires, sur la planète.

De plus, il est manifeste que tous ces modes de la solidarité sociale augmentent à mesure que la civilisation se développe et que la division du travail universel et la spécialisation nationale des fonctions s'accentuent.

Aujourd'hui, le concours l'emporte incomparablement sur l'indépendance et les nations se trouvent, les unes à l'égard des autres, dans une étroite subordination d'intérêts, que le tableau général de leurs commerces respectifs met en vive lumière, en faisant connaître l'infinie variété et l'importance des échanges qu'elles effectuent.

La solidarité économique est la plus évidente de toutes.

Sur les tables les plus modestes, le produit du travail de l'Humanité tout entière est accumulé sous la forme du pain, du sucre, du poivre, du café, du chocolat, du thé, des fruits.

Nous sommes vêtus de laine qui provient de la République Argentine, de coton récolté aux États-Unis, de soie importée de Chine ou du Japon ; nous sommes chaussés de cuir originaire de la Plata ou d'ailleurs.

L'or, l'argent et le cuivre de nos monnaies viennent de mines lointaines et l'organisme économique est si délicat que chacune de ses perturbations locales retentit sur l'ensemble.

« Il n'est pas une barque qui s'abaisse ou qui s'élève dans un des plus petits ports de nos côtes de France, de Belgique ou d'Angleterre, sans que les mouvements presque insensibles de sa quille ne soient déterminés par la poussée colossale de l'ensemble des marées et des courants qui sont la respiration de l'Océan. Il n'est pas un petit commerçant dans le coin de sa boutique, il n'est pas un ouvrier au travail au fond de son atelier, dont le salaire, le profit, le gain ou la perte ne soient incessamment influencés par la pulsation formidable du mouvement universel des échanges internationaux » (1).

La solidarité économique est, en outre, mise hors de doute par ce fait que les nations industrielles, comme l'Allemagne, l'Angleterre, la Belgique, les États-Unis eux-mêmes, comportent des populations supérieures en nombre à celles que leur territoire permettrait de nourrir avec ses seules ressources agricoles.

---

(1) Léon Bourgeois : *L'organisation internationale de la prévoyance sociale* ; p. 12.

Mais la solidarité intellectuelle rivalise avec la solidarité économique et, s'il était possible de faire la statistique des idées échangées comme on dresse celle des matières premières et des produits manufacturés, on arriverait à des résultats non moins démonstratifs.

Dans tous les cas, on peut affirmer, sans hésitation, tellement la preuve de cette affirmation peut être facilement fournie, que les progrès de chaque science, auxquels nous assistons journellement, sont le fruit de la coopération des savants du monde entier et qu'une découverte utile, en cosmologie, biologie, pathologie, sociologie, faite en un pays quelconque, devient immédiatement un bienfait universel.

Me référant encore à ce que j'ai déjà dit, sur ce sujet, dans *l'Unification du genre humain* (1), je n'en donnerai, de nouveau, pour témoignage, ici, que la multiplication des instituts Pasteur.

La maison mère, dont on vient de célébrer le vingt-cinquième anniversaire, a maintenant engendré un tel nombre d'émules, en France, en Europe, en Asie Mineure, en Afrique, en Extrême-Orient, et dans les deux Amériques, qu'on ne peut plus, disent les spécialistes eux-mêmes, suivre distinctement l'extension de cette œuvre aussi bienfaisante pour l'Humanité même que pour ses intérêts économiques.

Enfin, la solidarité politique et sociale fournirait, au besoin, des éléments de conviction non moins abondants que la solidarité économique et la solidarité intellectuelle.

La dernière guerre Turco-Balkanique, que d'aucuns étaient, tout d'abord, enclins à considérer comme un phénomène purement local et comme un événement

---

(1) *Similitude et solidarité intellectuelles des nations contemporaines ;* pp. 92 et suiv.

salutaire, vient, dans tous les cas, de nous rappeler sévèrement qu'aucune modification de l'équilibre politique ne peut nous laisser indifférents ; car cette guerre a eu pour conséquence immédiate l'augmentation générale des armements européens.

La solidarité est générale ; elle embrasse tous les aspects, et elle est devenue si nécessaire aux peuples, qu'à plusieurs égards elle fait déjà l'objet d'organisations méthodiques.

Au premier rang de ces organisations, il faut placer l'association internationale des travailleurs qui ont une conception de la solidarité humaine bien supérieure à celle de la bourgeoisie, même éclairée, et qui, dans maintes circonstances épisodiques et, annuellement, dans l'organisation de la fête du 1er mai, ont prouvé la vigueur de leurs sentiments fraternels et la puissance de leur action.

Mais la vie internationale s'est organisée, naturellement, sous une infinité d'autres formes, d'une manière continue, progressive, irrésistible, sans aucun idéalisme préconçu, sous l'unique empire des nécessités.

La sociologie fournit, dans ce cas, une vérification décisive de la grande loi biologigue : *la fonction crée l'organe.*

Parmi ces organes spontanés, on remarque d'abord les multiples organisations internationales dues à l'initiative privée, dépourvues de tout caractère officiel, et dont quelques-unes sont néanmoins très puissantes, qui se sont formées pour agréger tous ceux que des intérêts communs ou des aspirations semblables inspirent.

Ces associations sont actuellement au nombre de plus de 450.

Viennent ensuite les 45 administrations internationales officielles, pourvues de bureaux permanents (1), qui concernent aujourd'hui le régime douanier et commercial, la police internationale, la conservation de certaines espèces animales, l'hygiène internationale, les voies de communication, les postes et télégraphes, la navigation aérienne, l'union monétaire, l'agriculture, les poids et mesures, la protection légale des travailleurs, l'enseignement, la statistique commerciale, la traite des esclaves, les recherches scientifiques, le droit de guerre maritime et le droit international privé, la juridiction internationale.

Enfin, l'organe actuel, le plus caractéristique, de la vie internationale, est, sans contredit, la conférence de la Paix, tenue à La Haye, en 1899 et 1907, à la dernière réunion de laquelle tous les États de la terre étaient représentés.

Certes, cette conférence, qui doit siéger tous les huit ans, n'a pas encore vu s'exaucer tous les nobles vœux qu'elle a formulés, ni toutes les espérances que son institution a fait naître ; mais elle n'en a pas moins posé la pierre d'assise de ce qu'on nomme très justement, depuis, l'organisation de « la société des nations civilisées ».

Frappés de cette variété d'aspects, de cette importance et de cet empire croissant de la vie internationale, des hommes dont j'ai déjà signalé l'œuvre (2) en ont entrepris l'observation et l'étude scientifiques ; ils ont fondé, à Bruxelles, une *Union des Associations internationales*, dans le but de :

« 1° Grouper les Associations Internationales (institutions, fédérations, ligues, congrès, instituts, commis-

(1) V. *Annuaire de la vie internationale publié par l'Union des Associations internationales*, 1910-11.

(2) *L'Internationalisme*, in *Revue positiviste internationale* : 15 novembre 1912.

sions, bureaux permanents, etc.), créées au cours des cinquante dernières années ; établir entr'elles des relations permanentes, seconder leur action et leurs travaux, les amener à coopérer, à unifier leurs méthodes et à coordonner leur organisation et leur programme ;

« 2° Étudier systématiquement les faits généraux de la vie internationale ; en dégager la conception pratique d'une organisation mondiale fondée à la fois sur le droit, sur le progrès scientifique et technique et sur la libre représentation des intérêts communs à toute l'humanité ;

« 3° Tenir les Associations Internationales comme la représentation la plus haute des diverses catégories d'intérêts mondiaux qu'elles ont fédérés internationalement : les amener à se confédérer librement dans le but de poursuivre ensemble l'organisation de la vie internationale dans toutes ses parties ;

« 4° Créer un Centre international pour y aménager les installations matérielles nécessaires à l'activité de l'Union et à celle des Associations affiliées, ainsi que pour faciliter la gestion des grands intérêts mondiaux ;

« 5° Contribuer à développer les relations par delà les frontières, à accroître la solidarité humaine et à assurer la paix entre les nations. »

Pour atteindre ces buts multiples, l'*Union des Associations Internationales* a créé un *Office central* secondé dans ses travaux par six commissions dans lesquelles toutes les Associations peuvent se faire représenter et qui envisagent toutes les questions du point de vue des relations mutuelles et interscientifiques : Coopération et entreprises communes ; Réglementation et législation ; Systèmes d'unités ; Organisation interne des Associations et des Congrès ; Documentation et publications ; Langage scientifique et technique.

Libéralement doté par M. Carnegie, l'*Office central de l'Union des Associations Internationales* a déjà institué, à Bruxelles même, le Musée International (16 salles, renfermant environ 3,000 objets et tableaux); la Bibliothèque Collective Internationale (75,000 volumes); le Répertoire Bibliographique Universel (11 millions de notices sur fiches classées par matières et par auteurs); les Archives Documentaires Internationales (10,000 dossiers comprenant environ 300,000 pièces et documents iconographiques); un Service collectif de librairie.

De plus, cet Office organise, tous les trois ans, un *Congrès mondial,* auquel toutes les Associations Internationales prennent part (1); il publie les actes de ce Congrès; il fait paraître, en outre, une revue mensuelle, la *Vie internationale,* qui contient des études générales et des informations sur la vie et l'organisation internationales; enfin, sous le titre d'*Annuaire de la vie internationale,* il résume, dans des monographies, l'enquête permanente à laquelle il procède sur les Associations internationales.

La dernière édition de cet Annuaire vient de paraître; elle se rapporte aux années 1910-1911 et concerne 510 organismes internationaux.

Ainsi, non seulement la vie internationale se développe et s'accentue; mais des hommes prévoyants s'ingénient à l'organiser, d'une manière plus rationnelle, pour la rendre plus active et plus féconde.

La solidarité des nations est devenue un fait d'observation, unanimement reconnu par les esprits éclairés, et sur lequel aucun doute ne peut plus subsister, chez ceux qui voient les choses telles qu'elles sont.

(1) Voir dans la *Revue positiviste internationale* du 1er juillet 1913, le compte-rendu sommaire du dernier Congrès, tenu à Bruxelles et à Gand, les 15-18 juin 1913.

Toutefois cette notion reste insuffisante, empirique, vacillante, en raison du défaut d'étude générale des éléments sociaux et d'analyse approfondie de leur connexité, à cause de l'absence d'un enseignement sociologique et d'une connaissance scientifique de l'organisme de l'Humanité, par suite enfin d'un reste d'aveuglement national, entretenu par cette ignorance.

Il en est de même de la notion de la solidarité, dans le temps, des générations et des peuples, c'est-à-dire de la continuité de l'Humanité dans la série des âges, qui, cependant, ne s'est pas manifestée, spontanément, d'une manière moins irrécusable.

CHAPITRE II

Spontanéité de la conception de l'Humanité, sous la forme de la solidarité des Patries, dans le temps.

« Quoique la continuité soit d'abord moins sentie que la solidarité, parce qu'elle exige un examen plus profond, sa notion doit finalement prévaloir, car l'essor social ne tarde guère à dépendre davantage du temps que de l'espace » (1).

La continuité est un phénomène naturel, dont notre propre existence individuelle nous donne, la première, le sentiment.

Malgré les changements que la loi des âges, et la loi du développement et de la rénovation incessante, nous font subir, nous nous continuons nous-mêmes, tant que nous vivons normalement. Il y a solidariié entre notre vieillesse et notre maturité, entre notre maturité et notre adolescence, entre cette dernière et notre enfance. Les souvenirs, correpondant à chacune de ces périodes de notre vie, s'accumulent en nous, malgré le caractère fugitif des impressions qui les engendrent.

D'autre part, nous ne pouvons méconnaître qu'il y a continuité entre nous et nos parents et que nous leur devons, non seulement notre naissance et notre constitution biologique, résultat d'une multitude d'influences héréditaires, mais encore, le plus généralement, notre genre d'éducation, nos habitudes, nos goûts et notre condition sociale.

(1) AUGUSTE COMTE : *Catéchisme positiviste ;* p. 67.

Toutefois, c'est surtout la continuité collective qui constitue la différenciation radicale de l'espèce humaine et des espèces animales sociables. Les germes du sentiment de cette continuité ont, de bonne heure, percé les couches épaisses de la bestialité pour donner naissance au culte privé des morts qui distingue notre espèce du reste des bêtes.

Ensuite le sentiment de la continuité collective s'est de plus en plus affirmé :

avec l'institution de la vie sociale et avec l'immortalité subjective qu'elle assure à tous ceux qui font bénéficier la collectivité d'une amélioration quelconque ;

avec le respect des vieillards et des traditions qu'ils transmettent ;

avec la formation des histoires nationales ;

avec le respect des livres sacrés que les religions ont immortalisés ;

avec la conservation et l'étude des œuvres anciennes ;

enfin, avec l'évidente subordination intellectuelle, morale et pratique du présent au passé.

Cette solidarité des générations qui se succèdent, appréciée de très bonne heure par les philosophes de tous les pays, a provoqué l'institution du culte des ancêtres qui a conservé, dans la Chine, une vigueur admirable.

Tous les peuples l'ont éloquemment proclamée.

« Nous valons mieux que nos pères, disait Homère, et nos enfants vaudront mieux que nous ».

Nous héritons, d'ailleurs, des fautes de nos prédécesseurs comme de leurs vertus.

« Les pères ont mangé du verjus, disaient les prophètes d'Israël, et la dent des fils en est encore agacée ».

Mais la Bible contient aussi, dans le panégyrique des pères, une belle formule d'action de grâces aux ancêtres que le christianisme a sagement utilisée.

On peut même apercevoir une première ébauche d'une

conception systématique de la continuité de l'Humanité, dans les Champs-Élysées des anciens, lieux fortunés où régnait un printemps perpétuel, un air pur et parfumé, et dans lesquels s'assemblaient les ombres des poètes, des philosophes, des héros et de tous les justes, qui recevaient ainsi la récompense de leurs services.

On peut apprécier, de la même manière, le culte des héros, celui des saints, et la commémoration des grands événements locaux ou nationaux, religieusement pratiquée depuis l'antiquité.

Mais la liaison des générations présentes aux générations antérieures s'est surtout fait sentir : avec la diffusion de l'Hellénisme par la civilisation romaine; puis à la suite des Croisades, lorsque les sciences, conservées et cultivées par les Arabes, ont été réintroduites en Europe; enfin, lorsque les humanistes ont ressuscité, dans l'Occident, le culte des lettres et l'admiration de tous les chefs-d'œuvre de l'antiquité gréco-latine.

Depuis lors, les progrès de l'esprit scientifique ont vigoureusement resserré et multiplié les liens de la filiation intellectuelle ; car les rénovateurs des sciences, au xviiᵉ siècle, ont, de leur propre aveu, repris l'œuvre où les anciens l'avaient laissée.

Malheureusement, par une fatalité que l'évolution imposait, l'esprit révolutionnaire, dans sa longue lutte contre le passé, a momentanément altéré le sentiment de la continuité sociale.

Pourtant, ce sentiment est si naturel que les hommes, qui ont le plus énergiquement réagi contre le régime catholico-féodal, ont, sous la Renaissance, développé, jusqu'à l'excès, le respect de l'antiquité, et se sont montrés, sous la Révolution Française, tout imprégnés des traditions du civisme Romain.

Ils ont seulement méconnu le rôle de leurs ancêtres les plus immédiats, dans la marche incessante de l'Humanité.

A vrai dire, l'exemple leur venait du Catholicisme lui-même qui n'a jamais eu de la continuité qu'une notion très insuffisante, puisqu'il excommuniait tous les prédécesseurs qui ne l'ont ni pratiqué, ni connu.

Mais l'esprit scientifique a corrigé toutes ces erreurs et le sentiment de la continuité a conquis de nos jours un grand empire, attesté par le goût, de plus en plus vif et répandu, des études historiques, par la création des musées archéologiques et par les immenses travaux entrepris pour ressusciter le passé, pour faire sentir ses bienfaits et pour remonter à la source de nos coutumes, de nos croyances et de nos institutions.

Le sentiment de la continuité, sous la forme de la liaison perpétuelle du présent au passé, ne s'est pas, seul, développé spontanément. Celui de la continuité qui rattache le présent à la postérité s'est aussi manifesté depuis longtemps.

Les hommes, en effet, se sont toujours plus ou moins préoccupés, non seulement de l'avenir de leur famille et de leur Patrie, mais aussi de celui de l'Humanité.

Dans tous les cas, toutes les immortelles opérations accomplies par les grands politiques Romains, principalement depuis César, sans aucune préoccupation théologique, dans l'unique but d'améliorer le sort des hommes, sont dues au souci très accusé de la postérité.

Dans le cours des siècles ultérieurs, beaucoup de grands hommes ont aussi, très consciemment et très volontairement, vécu pour cette postérité. C'est le cas, tout au moins, des premiers propagateurs de la foi catholique, des grands représentants de la papauté, des croisés, des grands monarques qui ont construit la Patrie française, de Richelieu « qui ne quittait le monde qu'avec le regret de n'avoir pas achevé les grandes choses qu'il avait entreprises pour la gloire de sa patrie », et qui déclarait « que le zèle qu'il avait toujours eu pour l'avantage de la France avait fait ses plus solides contentements (1) ».

C'est le cas encore de tous les héros de la Révolution Française, en particulier de Danton, qui allait jusqu'à dire : « Périsse ma mémoire et que la Patrie soit sauvée ! ».

C'est le cas aussi de tous les grands penseurs du XVIIIe siècle qui les avaient précédés, et qui ne se faisaient aucune illusion sur l'impossibilité du triomphe immédiat des idées nouvelles qu'ils préconisaient. Presque tous proclamaient hautement qu'ils travaillaient pour la postérité ; ils commencèrent même à formuler scientifiquement la notion de l'immortalité sociale.

Par exemple, dans ses belles lettres philosophiques au sculpteur Falconnet, son ami, Diderot écrivait :

« Qu'est-ce que la voix du présent ? Rien. Le présent n'est qu'un point et la voix que nous entendons est toujours celle de l'avenir et du passé.... Ces philosophes, ces ministres et ces hommes véridiques qui ont été victimes des peuples stupides, des prêtres atroces, des tyrans enragés, quelle consolation leur restait-il en mourant ? C'est que le préjugé passerait et que la postérité renverserait l'ignominie sur leurs ennemis. O postérité sainte et sacrée ! soutien du malheureux qu'on opprime, toi qui es juste, toi qu'on ne corromps point, qui venges l'homme de bien, qui démasques l'hypocrite, qui traînes le tyran ; idée sûre, idée consolante, ne m'abandonne jamais. *La postérité pour le philosophe, c'est l'autre monde de l'homme religieux.... Après moi le déluge*, est un proverbe qui n'a été fait que par des âmes petites, mesquines et personnelles. Il ne sera jamais répété par un grand monarque, un digne ministre, un bon père. La nation

_____

(1) Lettre à Mazarin.

la plus vile serait celle où chacun le prendrait étroitement pour la règle de sa conduite ».

D'autre part, dans une de ses lettres à Mlle Voland, Diderot encore exprime ainsi son opinion sur les effets de l'*Encyclopédie :*

« Cet ouvrage produira sûrement avec le temps une révolution dans les esprits et j'espère que les tyrans, les oppresseurs, les fanatiques, les intolérants n'y gagneront pas. Nous aurons servi l'Humanité ; mais il y aura longtemps que nous serons réduits dans une poussière froide et insensible, lorsqu'on nous en saura quelque gré. Pourquoi ne pas louer les gens de bien de leur vivant, puisqu'ils n'entendent rien sous la tombe ? ».

Et il ajoutait avec mélancolie :

« Vraiment, cette postérité serait une ingrate si elle m'oubliait tout-à-fait, moi qui me suis tant souvenu d'elle ! »

Condorcet, écrivant, sous le coup de la peine de mort, son admirable *Esquisse d'un tableau historique des progrès de l'esprit humain,* et se consolant, dans la contemplation de ses progrès futurs, « des erreurs, des crimes, des injustices dont la terre est encore souillée et dont le philosophe est souvent la victime », est un autre merveilleux exemple de ces hommes d'élite, affranchis de toute espérance chimérique, que le souci de la postérité domine et passionne. On ne lui trouve d'égal, dans l'histoire, qu'Auguste Comte lui-même, qui, tout en fondant la religion de l'Humanité, c'est-à-dire en jetant les bases d'une doctrine qui, dans sa pensée, devait être à la fois universelle et éternelle, déclarait cependant « qu'il n'avait jamais espéré, de son vivant, plus d'une cinquantaine de disciples, dans l'Occident Européen » (1).

Toutefois, ce second aspect de la notion de continuité

---

(1) Littré : *La Philosophie Positive,* p. 680.

ne pouvait, comme le premier, acquérir de netteté et de consistance qu'avec la constitution de la philosophie de l'histoire. Jusque-là, les devoirs envers l'avenir et les devoirs envers le passé devaient nécessairement demeurer confus et empiriques, à l'état de sentiment plutôt qu'à l'état de conviction scientifique solide.

Aussi, la notion des devoirs envers l'avenir est-elle encore plus méconnue que celle des devoirs envers le passé. L'exploitation des richesses naturelles de la planète est scandaleuse. Les contemporains gaspillent ces ressources jusqu'à l'épuisement, sans aucun souci du sort des hommes qui leur succéderont. La rapacité industrielle a déjà provoqué, dans plusieurs régions, la destruction complète des mines de houille et de métaux, des forêts, des baleines, des phoques, et d'autres animaux inoffensifs.

L'extermination des éléphants, dans le but de récolter l'ivoire propre à fabriquer des hochets d'enfants et autres balivernes, est aussi stupide (surtout depuis la pénétration de la civilisation Occidentale dans le centre de l'Afrique, où ces animaux pourraient être si admirablement utilisés), que le serait l'abattage des arbres fruitiers, en pleine vigueur, en plein rapport, pour transformer leur bois en jouets ou en mobiliers de poupées.

Au point de vue politique, l'imprévoyance n'est ni moins aveugle, ni moins criminelle.

Tous les États Européens, en particulier, sont engagés dans une voie désastreuse qui les mènera tôt ou tard à la banqueroute et à la misère, s'ils ne s'en détournent pas résolûment. L'état de paix armée dans lequel ils vivent, l'augmentation continuelle de leur dette publique, qu'ils ne s'inquiètent jamais d'amortir, les dépenses inouïes et improductives qu'exigent leurs armées de terre et de mer, menacent de constituer, pour les générations futures, une charge écrasante, sous laquelle celles-ci succomberont.

C'est ce que l'empereur de Russie a signalé, avec une rare clairvoyance, quand il a, le premier, émis l'opinion que tous les efforts des gouvernements devraient tendre désormais au maintien de la paix générale et à la réduction des armements excessifs qui pèsent sur toutes les nations. En notifiant cette déclaration aux représentants des puissances accrédités à Saint-Pétersbourg, le comte Mouravieff l'a justifiée, par des raisons péremptoires, en disant :

« Les charges financières, suivant une marche ascendante, atteignent la prospérité publique dans sa source ; les forces intellectuelles et physiques des peuples, le travail et le capital sont, en majeure partie, détournés de leur application naturelle et consumés improductivement. Des centaines de millions sont employés à acquérir des engins de destruction effroyables, qui, considérés aujourd'hui comme le dernier mot de la science, sont destinés demain à perdre toute valeur à la suite de quelque nouvelle découverte dans ce domaine. La culture nationale, le progrès économique, la production des richesses se trouvent paralysés ou faussés dans leur développement »,

On ne saurait mieux légitimer la nécessité pressante de l'avènement d'un régime industriel et pacifique.

Bref, la conception spontanée de l'Humanité, sous le rapport de la continuité, aussi bien que sous le rapport de la solidarité, est manifestement insuffisante et confuse. Ce grand organisme dont le vigoureux génie d'Auguste Comte a, le premier, scruté la constitution, est encore loin d'être convenablement connu.

La démonstration de l'existence de l'Humanité, l'analyse de sa composition, la détermination de nos devoirs envers elle, sont une des nécessités impérieuses de l'enseignement philosophique moderne.

Conception scientifique de l'Humanité.

CHAPITRE Ier

La conception scientifique de l'Humanité a pour fondements la philosophie de l'histoire.

La conception scientifique de l'Humanité a pour fondement essentiel, d'abord, l'impossibilité d'isoler l'histoire nationale de l'histoire internationale, puisque tous les peuples ne cessent d'agir et de réagir les uns sur les autres, non seulement au point de vue politique, mais aussi sous le rapport moral, intellectuel et pratique.

De même, il est impossible de détacher l'histoire contemporaine de l'histoire des temps modernes, celle-ci, de l'histoire du Moyen-âge, et celle-là, de l'histoire de l'antiquité Gréco-Romaine, étroitement liée à l'histoire des anciens peuples de l'Orient.

L'histoire d'aucun de ces derniers peuples ne peut elle-même être séparée de celle de ses contemporains.

L'histoire du prétendu peuple de Dieu, par exemple, est conditionnée par celle des Égyptiens, des Assyriens, des Babyloniens, des Perses, des Grecs et des Romains, autant que par celle de ses voisins immédiats.

La nature du sujet oblige même, maintenant, les philosophes à remonter jusqu'aux sociétés primitives, protohistoriques et préhistoriques ; ils doivent contempler l'ensemble du mouvement humain, depuis l'origine, pour comprendre la marche et les caractères généraux de la civilisation.

L'étude d'un aspect spécial quelconque de l'évolution humaine impose, au même titre, à l'esprit philosophique, la considération de l'ensemble des peuples civilisés. Il n'y a pas de science nationale ni temporaire. Il n'y a pas de morale nationale. Il n'y a pas d'institution sociale fondamentale qui soit l'œuvre d'un seul peuple ou d'une époque isolée, et au développement de laquelle les autres n'aient pas collaboré.

Le sentiment de la continuité résulte, autant que de l'étude des sciences, de l'étude du droit moderne, par exemple, dont les assises se trouvent dans le droit Romain et dans les coutumes plus lointaines encore, ou de l'étude de la linguistique, qui démontre péremptoirement la participation de toute l'Humanité à la construction des langues les plus parfaites, comme celles qui sont dérivées du Latin.

L'histoire des religions, spécialement des religions catholique et islamique, fournit aussi la preuve bien convaincante de la solidarité des patries sous la forme de la continuité, puisque l'une et l'autre ont pour souche le judaïsme qui lui-même dérive des collèges sacerdotaux de l'Égypte et de la Chaldée.

La masse des connaissances que nous possédons, l'édifice des institutions sociales dont nous jouissons aujourd'hui, ne proviennent pas des contemporains. Ces derniers n'apportent à l'immense capital, sans cesse accumulé par le génie et la sagesse de nos pères, que des perfectionnements et des additions minimes, qui, d'ailleurs, ne peuvent se réaliser qu'à l'aide des acquisitions antérieures.

L'appropriation même de la planète, habitée par les hommes civilisés et purgée des bêtes fauves qui l'infestaient primitivement ou des autres dangers qu'elle présentait, les routes et canaux qui la sillonnent, les digues qui maîtrisent ses fleuves et ses mers, sont l'œuvre des siècles. Enfin les cieux aussi nous racontent la gloire des grands génies scientifiques qui, d'âge en âge, nous ont révélé les lois de leur mécanisme.

Au point de vue industriel, lui-même, suivant la remarque d'Auguste Comte, « la solidarité s'est de plus en plus subordonnée à la continuité, d'après la prépondérance croissante des accumulations sur les acquisitions » (1).

Partout, en un mot, l'ensemble du passé s'impose à notre attention, à notre respect ; il nous domine ; il nous enveloppe ; il constitue, autour de nous, une atmosphère intellectuelle et morale à laquelle nous ne sommes pas moins subordonnés qu'à l'atmosphère gazeuse dans laquelle nous puisons nos aliments respiratoires.

La philosophie de l'histoire démontre qu'il n'y a qu'une histoire réelle, l'histoire générale de la civilisation, l'histoire de l'Humanité, dont les histoires nationales ne sont que des cas particuliers et des sortes de miniatures.

(1) *Politique Positive*, IV, p. 328.

CHAPITRE II

Conceptions positives de l'Humanité antérieures à Auguste Comte.

Auguste Comte est le fondateur incontestable de la philosophie positive de l'histoire ; mais l'ensemble de tous les éléments essentiels de la conception scientifique de l'Humanité fut plus ou moins vigoureusement embrassé ou pressenti avant lui, même par l'antiquité.

Les grands penseurs d'Athènes, par exemple, et les savants qui fondèrent et développèrent l'école d'Alexandrie, avec ses bibliothèques, ses musées, ses cours, où toutes les connaissances de tous les peuples étaient rassemblées ou exposées, et grâce auxquels ces deux villes furent, plusieurs siècles durant, les capitales intellectuelles du monde antique, ont certainement eu la claire vision de l'ensemble des conditions d'existence de l'Humanité.

Le fait n'est pas douteux, en tout cas, pour les génies méditatifs du monde romain.

Les expressions « communauté humaine », « citoyen du monde », sont fréquentes sous la plume de Cicéron.

Les stoïciens éprouvèrent l'amour du genre humain tout entier (*caritas generis humani*), et l'importance philosophique qu'ils attachèrent à l'admirable vers de Térence révèle la netteté de leur sentiment, à cet égard.

« *Nous sommes tous les membres d'un grand corps*, disait Sénèque. La nature nous a créés tous parents. Elle nous a inspiré un amour mutuel et nous a faits sociables. Ayons donc ce vers de Térence, sur les lèvres et dans le cœur :

« *Homo sum, humani nihil a me alienum puto* » (1).

(1) *Epistolæ : 95.*

Et ailleurs :

« Nous sommes les héritiers de ceux qui sont morts, les associés de ceux qui vivent, la providence de ceux qui naîtront ».

« Notre société est une voûte de pierres, liées ensemble, qui tomberait si l'une ne soutenait l'autre ».

Sans remarquer, d'ailleurs, que la suite logique de son raisonnement aboutissait fatalement à cette conclusion que la notion de Dieu est une construction purement humaine, sans réalité objective, saint Augustin, d'autre part, a nettement aperçu la liaison des générations entre elles et la nature graduelle de la progression du genre humain vers la conception épurée et spirituelle d'un Dieu unique.

« Comme celle d'un homme qui ne devient pas habile tout d'un coup, mais peu à peu et avec l'âge, écrivait-il, la connaissance du peuple de Dieu s'est accrue par la succession des temps, aussi bien que par la suite de plusieurs âges » (1).

Auguste Comte considère que saint Paul est encore un des penseurs qui ont devancé, par intuition, la conception de la solidarité humaine, en propageant, comme une maxime, cette image touchante, mais contradictoire :

« *Nous sommes tous les membres les uns des autres* » (2).

La constitution de la chrétienté fortifia puissamment, étendit et popularisa ce sentiment de la solidarité humaine, que l'antiquité vit surgir, et il semble bien que ce soit sous la plume d'un des docteurs du catholicisme, le théologien portugais Suarez, qui vécut de 1548 à 1617, qu'on trouve, pour la première fois, formulée, d'une manière explicite, l'idée de cette société des nations, à laquelle le xxe siècle s'efforce de donner une représentation objective.

(1) *Cité de Dieu*, Liv. X ; chap. XIV.
(2) *Catéchisme positiviste*, p. 70.

Du moins, les pages suggestives qui suivent, reproduites par M. David Jayne Hill, ancien ambassadeur des États-Unis à Berlin, dans le beau livre qu'il vient de publier, sous le titre : *L'État moderne et l'organisation internationale*, attestent-elles chez lui, comme le dit M. Hill (1), « une singulière clarté et une grande profondeur de vues » :

« La race humaine, bien que divisée en peuples et en royaumes divers, possède, non seulement son unité spécifique, mais encore une certaine unité morale et quasi politique, que l'on découvre dans les préceptes naturels d'amour et de sympathie réciproques qui s'étendent à tous, même aux étrangers ; donc, bien que tout État achevé, république ou royaume, soit, en lui-même, une communauté parfaite, composée de ses propres membres, il n'en est pas moins vrai que chacun de ces États, considéré dans ses rapports avec la race humaine, fait, en quelque sorte, partie d'une unité universelle. Car jamais les communautés ne se suffiront assez dans leur isolement pour pouvoir se passer d'aide mutuelle, de société et de communion avec d'autres, en ce qui concerne l'amélioration de leur condition et leur progrès matériel, quelquefois même la satisfaction de leurs besoins moraux. Tel est l'enseignement de l'expérience. Pour cette raison, il leur est indispensable d'avoir une loi qui les dirige et les mette à leur place dans cette espèce de communion ou de société. Et, bien que la raison naturelle leur tienne lieu de loi, en grande partie, il y a des cas où elle n'est ni suffisante, ni assez immédiate ; c'est pourquoi il a été possible que certaines lois particulières fussent créées dont la pratique formait le point de départ. Car de même que l'usage a créé des lois dans l'État et dans la province, de même il est possible que

(1) P. 121.

des lois soient introduites chez la race humaine par la conduite habituelle des nations ; d'autant mieux que ces lois seront plus restreintes, qu'elles s'écarteront moins du droit de nature, et que, pouvant aisément en être déduites, elle répondront aux besoins et aux penchants de la nature.

« Ainsi, bien que l'on ne puisse pas tenir ces lois pour absolument indispensables à une conduite louable, elles s'adaptent du moins très bien à la nature, et chacun peut les accepter immédiatement » (1).

Mais, en raison de son hostilité envers tous ceux qui n'avaient pas partagé ou ne partageaient pas ses croyances, le catholicisme était vraiment inapte à mettre en pleine valeur les germes de la conception scientifique de l'Humanité. Ces germes ne pouvaient réellement éclore qu'à la suite d'un développement suffisant de l'émancipation théologique, de l'esprit positif et de l'activité pratique, après l'évolution des sciences et des arts. Aussi est-ce aux penseurs du XVIIe siècle qu'était réservé l'honneur de donner, à la conception qui nous occupe, une première formulation philosophique, lumineuse.

Descartes l'esquisse quand il expose « qu'à nous plutôt « convient le nom d'anciens, — car le monde est plus « vieux et nous avons une plus grande expérience », — et que, « joignant les vies et travaux de plusieurs », nous irons tous ensemble, « beaucoup plus loin que « chacun, en particulier, ne pourrait faire » (2).

Toutefois, la première expression scientifique générale de l'Humanité appartient à Pascal. Son importance historique et sa valeur propre méritent qu'on la reproduise dans son intégralité.

« L'homme, dit Pascal, est dans l'ignorance au premier âge de sa vie ; mais il s'instruit sans cesse dans son

(1) Suarez : *Tractatus de legibus et Deo legislatore*, Coimbre, 1612.
(2) *Discours de la Méthode : VIe partie.*

progrès ; car il tire avantage non seulement de sa propre expérience, mais encore de celle de ses prédécesseurs, parce qu'il garde toujours dans sa mémoire les connaissances qu'il s'est une fois acquises et que celles des anciens lui sont toujours présentes dans les livres qu'ils en ont laissés. Et comme il conserve ces connaissances il peut enfin les augmenter facilement ; de sorte que les hommes sont aujourd'hui dans le même état où se trouveraient ces anciens philosophes, s'ils pouvaient avoir vieilli jusqu'à présent, en ajoutant aux connaissances, qu'ils avaient celles que leurs études auraient pu leur faire acquérir à la faveur de tant de siècles. De là vient que, par une prérogative particulière, non seulement chacun des hommes s'avance de jour en jour dans les sciences, mais que tous les hommes ensemble y font un continuel progrès, à mesure que l'univers vieillit, parce que la même chose arrive dans la succession des hommes que dans les âges différents d'un particulier. *De sorte que toute la suite des hommes pendant le cours de tant de siècles doit être considérée comme un même homme qui subsiste toujours et qui apprend continuellement* » (1).

Après que Pascal eut de la sorte mis en lumière l'influence prépondérante du passé dans la vie de l'Humanité, Leibnitz aperçut la subordination de l'avenir au présent ; il la formula dans ces termes énergiques :

Le présent est gros de l'avenir.

Kant ensuite tenta de combiner les deux éléments de la question : d'un côté, en montrant que « le problème d'une parfaite continuité sociale implique le problème d'une constitution régulière des rapports internationaux et ne peut être résolu sans que celui-ci le soit » (2), d'autre part, en donnant une première ébauche de la

(1) *Traité du vide.*

(2) *D'une histoire universelle au point de vue de l'Humanité : 7° proposition.*

philosophie de l'histoire, en systématisant la notion de continuité qui, seule, a pu faire d'une classe d'êtres raisonnables « *qui tous meurent, une espèce immortelle* », en pressentant enfin les lois de cette continuité, dans cette belle page, où se trouve prédit, en quelque sorte, l'avènement d'Auguste Comte :

« Le philosophe, ne pouvant supposer, dans les hommes et le jeu de leurs actions, un dessein raisonnable qui leur soit propre, essaie de découvrir, dans cette marche absurde des choses humaines, un dessein naturel qui rende possible de faire, avec des créatures qui procèdent sans plan, une histoire conforme à un plan déterminé de la nature.

« Nous allons voir si nous réussirons à trouver un fil qui mène à une telle histoire, laissant dès lors à la nature le soin de produire un homme qui soit en état de concevoir de la sorte l'enchaînement des faits historiques. C'est ainsi qu'elle produisit un Kepler qui soumit les orbites excentriques des planètes à des lois précises, et un Newton qui expliqua ces lois par une cause générale de la nature ».

Puis, Turgot essaya de dégager, dans ses mémorables discours sur les progrès successifs de l'esprit humain, ces lois de l'enchaînement des faits historiques que Kant avait pressenties.

« Tous les âges, dit-il, sont enchaînés par une suite de causes et d'effets qui lient l'état du monde à tous ceux qui l'ont précédé ; les signes multiples du langage et de l'écriture, en donnant aux hommes le moyen de s'assurer la possession de leurs idées et de les communiquer aux autres, ont formé, de toutes les connaissances particulières, un trésor commun qu'une génération transmet à l'autre, ainsi qu'un héritage toujours augmenté des découvertes de chaque siècle ; et le genre humain, considéré depuis son origine, paraît, aux yeux du philosophe, un tout immense qui lui-même a, comme chaque individu, son enfance et ses progrès » (1).

« Dans son inégalité, variée à l'infini, l'état actuel de l'univers, en présentant à la fois sur la terre toutes les nuances de la barbarie et de la politesse, nous montre en quelque sórte, sous un même coup d'œil, les monuments, les vestiges de tous les pas de l'esprit humain, l'image de tous les degrés par lesquels il a passé, l'histoire de tous les âges » (2).

Condorcet, enfin, jeta les bases définitives de la philosophie de l'histoire, en considérant, dans son *Esquisse d'un tableau historique des progrès de l'esprit humain,* dont Turgot avait abordé l'étude, l'ensemble des hommes, vivant sur la terre, comme un peuple unique.

Mais cette œuvre n'est réellement qu'une esquisse, incomplète même, puisque, par suite d'une méconnaissance absolue du rôle qu'il a joué, le Moyen-âge est inexorablement exclu de son cadre.

Finalement, c'est avec Auguste Comte que la conception scientifique de l'Humanité parvint à l'état de maturité et que ce grand problème, qui venait de provoquer, d'une manière si active, les méditations d'une telle série de penseurs de génie, reçut une solution satisfaisante. Car le mérite d'une découverte n'appartient pas à ceux qui l'entrevoient, plus ou moins clairement, dans une sorte de rêve prophétique, mais à celui qui fait reposer sa démonstration sur une quantité de matériaux et de preuves et sur une suite de raisonnements telles que tout doute et toute contradiction sont dissipés.

(1) *Deuxième discours sur les progrès successifs de l'esprit humain,* 1750, page 52. Œuvres : Paris, 1808.
(2) *Ibid.,* p. 4.

CHAPITRE III.

Systématisation de la conception de l'Humanité par Auguste Comte.

Selon ses propres déclarations, c'est sous l'impulsion directe des idées de Pascal, de Leibnitz et de Condorcet, de ce dernier surtout, pour lequel il était rempli d'une vénération si délicate qu'il l'a nommé son père spirituel, qu'Auguste Comte a conçu sa philosophie de l'histoire et dégagé de cette philosophie la science nouvelle à laquelle il a donné le nom de sociologie, universellement adopté depuis.

« Tels sont, dit-il, les précurseurs immédiats de la systématisation finale qui m'était réservée, pour condenser, dans un même principe, les sentiments, les pensées et les actions propres à l'Humanité » (1).

Une éducation scientifique vraiment encyclopédique et une étude plus attentive des phénomènes sociaux, opérée dans des conditions plus opportunes et plus favorables, permirent, en effet, à Auguste Comte d'embrasser ces phénomènes, simultanément, dans tout leur ensemble, et de conclure qu'ils sont soumis à des lois naturelles de succession que dévoile, non l'imagination, mais l'observation rigoureuse, suivant la méthode commune à toutes les sciences positives.

Après avoir énoncé la première de ces lois, à laquelle il donna le nom de loi des trois états, dans un opuscule, publié en 1822, sous le titre : *Plan des travaux nécessaires pour réorganiser la société*, il en fournit une démonstration complète, dans les V\e et VI\e volumes du *Cours de Philosophie positive*, qui traitent de la partie

(1) *Politique positive :* IV, p. 30.

historique de la philosophie sociale et contiennent une appréciation générale de chacun des états successifs par lesquels l'Humanité a passé avant de parvenir à l'état positif.

Ainsi se trouva fondée, sur des bases scientifiques immuables, ce qu'Auguste Comte a nommé la dynamique sociale, ou « Théorie du progrès de l'Humanité » (1).

Mais la pensée d'Auguste Comte lui-même ne s'arrêta pas, satisfaite, à cette première formulation de la conception de l'Humanité ; elle évolua ; elle commença à se préciser davantage dans le dernier chapitre du *Discours préliminaire sur l'ensemble du Positivisme,* consacré à la religion de l'Humanité, et se fixa, définitivement, dans son *SYSTÈME DE POLITIQUE POSITIVE ou traité de sociologie instituant la religion de l'Humanité,* qui est entièrement consacré à cette religion. La théorie de l'Humanité est principalement condensée dans le chapitre Ier du tome IV de cet ouvrage, intitulé : *Théorie fondamentale du Grand-Être,* d'où *tableau simultané de la religion universelle et de l'existence normale.*

Ici, la pensée d'Auguste Comte atteint, en effet, sa complète maturité ; il définit l'Humanité, avec une irréprochable précision scientifique, dans une formule dont chaque terme, rigoureusement nécessaire, représente l'un des aspects fondamentaux de l'immense organisme à l'étude approfondie duquel il a consacré sa laborieuse existence philosophique et toute son œuvre :

« Le Grand-Être, dit-il, est l'ensemble des êtres passés, futurs et présents, qui concourent librement à perfectionner l'ordre universel. . . . . .

« Si l'on écarte tout ce qui peut se sous-entendre sans

(1) *Philosophie positive :* LIe leçon.

confusion, on se borne à définir le Grand-Être comme *l'ensemble continu des êtres convergents* » (1).

Sous une autre forme, Auguste Comte dit, dans son *Catéchisme positiviste* : « Il faut définir l'Humanité, comme l'ensemble des êtres humains, passés, futurs et présents. Ce mot ensemble indique assez qu'il n'y faut pas comprendre tous les hommes, mais ceux-là seuls qui sont réellement assimilables, d'après une vraie coopération à l'existence commune. . . . . .

« Si les producteurs de fumier ne font vraiment point partie de l'Humanité, une juste compensation prescrit de joindre au nouvel Être-Suprême tous ses dignes auxiliaires animaux....... plus estimables que certains hommes ? » (2).

De sorte que, dans sa forme dernière, voici la définition d'Auguste Comte :

L'Humanité est l'ensemble continu des êtres convergents, y compris nos dignes auxiliaires, les animaux assimilables.

En termes moins abstraits, Pierre Laffitte a dit, dans le petit traité de morale positive, destiné à l'éducation populaire, dont il a publié des fragments :

« L'Humanité est la réunion de l'ensemble des diverses patries, répandues sur la planète, qui, liées par une foi commune, travaillent pour les successeurs sous le poids des prédécesseurs » (3).

Mais cette formule, on le voit, suppose résolu l'établissement d'une foi universelle ; elle représente plutôt l'idéal de l'avenir que la réalité présente et passée de l'Humanité.

De toute manière, la définition d'Auguste Comte, à laquelle il ne s'est arrêté qu'après plus de trente années

(1) *Politique positive,* IV, p. 30.
(2) *Catéchisme positiviste :* Théorie de l'Humanité, p. 66.
(3) *Revue Occidentale :* tome XIV, p. 313. (De la stabilité humaine).

de méditations incessantes, est une très intense condensation de l'organisme de l'Humanité, réduit en quelque sorte à sa colonne vertébrale ; il importe, pour bien
comprendre cette définition, de rendre explicites, au
moins ses éléments les plus fondamentaux.

Par exemple, il ne faut pas perdre de vue que l'Humanité se compose, à la fois et constamment, de deux
masses, fort inégales : l'une, objective, que les vivants
ont, à toute époque, sous les yeux ; c'est l'ensemble des
peuples actuels ; l'autre, subjective, qui n'a d'existence
réelle que dans le cerveau des vivants. C'est l'ensemble
des prédécesseurs et des successeurs entre lesquels les
contemporains opèrent continuellement la liaison.

Objectivement, l'Humanité est formée d'éléments
semblables à elle-même, c'est-à-dire d'autres êtres collectifs, moins complexes ; elle se décompose en Patries,
en cités, en familles, actuellement existantes, puisque les
peuples sont maintenant inséparables les uns des autres,
autant que les Familles et les Cités le sont des Patries
auxquelles elles appartiennent.

Finalement, l'Humanité a, perpétuellement, pour
organes et pour serviteurs personnifiés, l'ensemble des
individus vivants, qui font partie de ces familles, de ces
cités, de ces Patries, qui vivent effectivement pour elles
et qui, sous une forme quelconque, intellectuelle, morale
ou pratique, contribuent à leur activité, à leur conservation, et à leur perfectionnement graduel.

Comme l'organisme individuel, cet immense organisme
collectif est donc en état continu de rénovation, puisque
les individualités qui le représentent n'ont, comme les
cellules végétatives des animaux, qu'une existence
éphémère, et que, sans cesse, ces individualités entrent
et sortent ; mais, de même que notre cerveau conserve
et emmagasine constamment, à moins de perturbation

pathologique, le souvenir des impressions qu'il reçoit et les connaissances qu'il acquiert, de même, en dépit du changement perpétuel de ses représentants actuels, l'Humanité survit à elle-même, parce que les morts revivent par l'intermédiaire des vivants, et parce qu'elle accumule les résultats.

« Avec des êtres raisonnables, qui tous meurent, elle fait une espèce immortelle ». A cet égard, elle présente même une activité privilégiée parce qu'elle se rajeunit sans discontinuer, la vitalité des molécules nouvelles se développant toujours dans des conditions plus favorables que celles où se trouvaient les molécules mortes.

Selon la juste remarque de d'Alembert, les générations qui surgissent, graduellement affranchies d'une partie de l'ignorance des précédentes, sont, en effet, affamées d'un nouveau besoin de vérité, très propice au développement mental incessant de l'Humanité ; elles peuvent d'autant mieux le satisfaire qu'elles bénéficient de tous les fruits de l'expérience antérieure ; car, comme le disait Fontenelle, « nos pères, en se trompant, nous ont épargné leurs erreurs ».

De plus, les organes actuels de l'Humanité travaillent plus ou moins consciemment, non seulement pour le présent, mais encore dans l'intérêt de leur propre postérité et de la postérité générale; leur existence passagère peut s'éterniser, si, dans une mesure quelconque, ils font une œuvre matérielle, biologique ou sociologique, utile, que les successeurs conservent et s'assimilent.

A côté de la masse objective des êtres actuellement vivants qui lui servent d'organes visibles, on trouve donc, dans la constitution de l'Humanité, quand on l'analyse convenablement, une masse subjective double, composée : la première, des générations qui ne sont pas nées encore, et qui représentent l'avenir ; la seconde, des générations passées, auxquelles les générations présentes assurent une immortalité toujours plus grandiose, en conservant, fécondant et répandant l'immense trésor de pensées et de travaux, qu'elles ont constitué et continuellement enrichi.

Ainsi se justifie, d'une autre manière, l'assimilation, par Pascal, de l'homme à un point entre deux infinis, l'infini passé, l'infini futur.

Mais la masse des générations antérieures est nécessairement prépondérante, en nombre et en durée ; elle le devient toujours davantage, à mesure que l'Humanité continue sa progression incessante dans le temps et dans l'espace.

Auguste Comte a caractérisé ce phénomène, dans cette belle formule, si profondément vraie, consolante et encourageante :

Les vivants sont toujours, et de plus en plus, gouvernés nécessairement par les morts (1).

Nous travaillons sous le poids des prédécesseurs dans l'intérêt des successeurs.

Grâce à cette continuité fatale, les plus humbles d'entre nous peuvent, aussi bien que les plus éminents, aspirer à une immortalité véritable, bien plus noble que l'immortalité chimérique promise par le monothéisme, dont les perspectives les plus ambitieuses aboutissent à une dégradante et perpétuelle fainéantise, ou, suivant l'énergique expression d'Auguste Comte, « à la simple représentation d'une sorte d'idiotisme transcendant, éternellement absorbé par une contemplation esentiellement vaine et presque stupide de la majesté divine » (2).

Quoi qu'il en soit, les morts constituent la fatalité sociale immodifiable. Heureusement, considérés dans leur ensemble, ils n'agissent, sur leurs successeurs, que

(1) *Catéchisme positiviste,* p. 68.
(2) *Philosophie positive :* IV, p. 391.

par leurs qualités sociales et leurs travaux assimilables. Comme les auteurs de ces bons livres dont parle Descartes, ils ne lèguent au patrimoine collectif que ce qu'ils ont produit de meilleur, sous le rapport intellectuel, moral, et pratique.

C'est pourquoi les parasites et les scélérats se trouvent naturellement exclus de l'Humanité subjective, tandis que la saine raison permet et commande d'y incorporer les animaux qui servent de compagnons et d'aides à l'homme dans ses labeurs et qui, surtout, ont très activement coopéré aux premiers progrès de la civilisation.

On ne saurait concevoir, en effet, primitivement : la vie nomade et pastorale sans le chien, le renne, le chameau ; la vie sédentaire et agricole, sans le bœuf, la chèvre et le mouton ; la vie militaire et industrielle, sans le cheval, l'âne et l'éléphant.

Il faut même considérer l'association de tous ces animaux à notre existence comme spontanée et plus ou moins consciente ; car si une certaine sociabilité native ne les avait pas attirés vers nous, si leur intelligence n'y avait pas été disposée, nous nous serions épuisés en vains efforts pour les empêcher de retourner à la vie sauvage, ou pour les contraindre à nous seconder, comme l'atteste le cas de quelques animaux supérieurs, réfractaires à toute soumission volontaire.

Bien mieux que beaucoup d'hommes, indignes de ce nom, ces animaux ont contribué et contribuent encore à la fondation, à l'activité, au développement, à la sécurité des sociétés humaines ; ce n'est donc pas, par suite d'un sentimentalisme exagéré, qu'ils ont toujours été et deviennent, de plus en plus, des objets de sympathie, de respect et de gratitude.

L'existence et la constitution de l'Humanité étant désormais suffisamment connues, il faut encore, pour ache-

ver son appréciation philosophique générale, démontrer
que nous vivons effectivement par elle et pour elle, et
que notre devoir est de faire systématiquement tous nos
efforts pour développer en nous les sentiments de vénération, de tendresse et de dévonement que déjà sa connaissance seule nous inspire naturellement.

CHAPITRE IV

**L'Humanité est le centre de nos pensées, de nos actes et de nos sentiments.
La destination réelle de la vie humaine est de connaître, aimer, servir l'Humanité.**

Le mode de formation, l'existence et la constitution de l'Humanité, dont Auguste Comte a, le premier, opéré l'analyse scientifique, rendent incontestable son rôle providentiel permanent envers ceux qui la composent.

« L'Humanité se substitue définitivement à Dieu, sans oublier jamais ses services provisoires » (1).

C'est un être synthétique, d'où tout ce qui est humain provient, à qui tout ce qui est humain aboutit.

Elle est, notamment, la source originelle, intarissable, de toutes les pensées des hommes, puisqu'elle est la génératrice la plus féconde de toutes leurs connaissances, et, comme sa conception suppose irrévocable la décadence de la théologie, qui n'est d'ailleurs qu'un produit de son activité mentale, elle doit être considérée comme résumant l'ensemble du passé, mental et social.

L'étude philosophique de l'évolution de la civilisation, en général, et de l'évolution des sciences, en particulier, ne laisse pas subsister le moindre doute à cet égard.

La partie intellectuelle du cerveau est une sorte de double placenta, en relations permanentes, d'un côté, avec le monde, de l'autre, avec l'Humanité, qui l'alimentent perpétuellement. Par l'intermédiaire des sensations, le monde extérieur se révèle à nous et fournit à notre intelligence les matériaux objectifs de ses médi-

(1) Auguste Comte : *Catéchisme positiviste*, p. 378.

tations ; mais c'est l'expérience de l'Humanité tout entière qui lui apprend désormais à généraliser et coordonner ces dernières, pour aboutir à des constructions subjectives. Les lois abstraites du monde, elles-mêmes, rappellent sans cesse l'Humanité qui les a péniblement découvertes, à la suite d'innombrables et universelles observations concrètes, lentement accumulées.

Mais si l'Humanité est ainsi l'origine de toutes nos connaissances spécifiques, c'est nécessairement parce qu'elle en est aussi l'héritière.

Aucune différence essentielle n'existe, en effet, entre l'homme néolithique et même paléolithique supérieur et l'homme moderne, sous le rapport animal.

Mais, tandis que les premiers ne recueillaient de leurs ascendants que quelques traditions très simples et se trouvaient réduits à leurs propres ressources intellectuelles, pour l'interprétation de tous les phénomènes de la nature, le second reçoit une éducation domestique et sociale qui peut le doter de toute la masse des connaissances et des perfectionnements intellectuels et moraux, accumulés, sans interruption, dans l'immense intervalle de temps qui sépare l'époque actuelle des origines de la civilisation.

On peut même affirmer, quand on compare le mérite essentiel des œuvres, que nous n'avons pas plus d'intelligence intrinsèque que les Égyptiens et les Grecs, ni surtout que l'élite de ces peuples.

Nous sommes simplement, grâce à l'évolution accomplie depuis par l'Humanité, mieux renseignés, mieux instruits, mieux outillés.

Donc, toutes les pensées fécondes ont et doivent avoir pour objet la conservation, la transmission et l'amélioration de cet immense patrimoine commun qui nous distingue maintenant si profondément des bêtes et des sauvages.

Suivant le conseil d'Auguste Comte, l'univers doit être étudié, non pour lui-même, mais pour l'homme, ou plutôt pour l'Humanité ; car nos spéculations ne sont vraiment satisfaisantes que quand elles se bornent à découvrir, dans l'économie extérieure, les lois qui, d'une manière plus ou moins directe, influent, effectivement, sur nos destinées (1).

En un mot, la science est faite pour l'homme et non l'homme pour la science.

L'Humanité est et doit devenir le centre de nos pensées et, par conséquent, celui de nos actes.

Toujours, d'ailleurs, l'Humanité fut l'inspiratrice et l'objet de nos actes.

Elle en est l'inspiratrice, parce que l'homme est toujours dominé par sa croyance et que toute croyance est un patrimoine collectif.

Elle en est aussi l'objet ; car il n'y a réellement pas de fonctions privées.

L'homme s'agite et l'Humanité le mène (2).

Chacun de nos actes individuels intéresse la société présente à laquelle nous appartenons, puisque l'indépendance est dominée par le concours, dont mille règles diverses nous obligent, à tout instant, à respecter l'empire ; ils intéressent de même la société future, puisque les enfants, que nous créons et élevons, l'influence que nous exerçons sur eux et sur nos contemporains, les travaux que nous exécutons, sont généralement destinés à nous survivre. A plus forte raison, les opérations collectives sont-elles empreintes de ce double caractère indélébile.

Mais les Patries sont solidaires les unes des autres,

(1) *Politique positive* : I, p. 36.
(2) *Ibidem* : II, p. 455.

dans le temps et dans l'espace ; tout ce qui les concerne intéresse donc l'Humanité.

C'est pourquoi nous devons agir sous l'influence prédominante de la préoccupation de l'Humanité.

Il résulte de là que l'Humanité, qui est le centre indiscutable de nos pensées et de nos actes, doit être, en outre, le centre vers lequel toutes nos affections convergent et la source originelle de toutes leurs inspirations.

Seule, en effet, la sociabilité peut rendre la vie humaine, paisible, homogène, heureuse et utile.

L'unité individuelle et collective ne peut se réaliser que par l'intermédiaire des sentiments sociaux. Les sentiments personnels, — leur nom l'indique, — n'intéressent que l'individu, directement ou indirectement. De plus, ils ne peuvent provoquer que l'agitation et l'instabilité, aucun d'eux ne pouvant assujettir longtemps les autres, comme l'attestent la variabilité d'humeur et l'incohérence de ceux qui les prennent pour guides.

D'autre part, l'égoïsme national n'est pas moins erroné que l'égoïsme individuel ou domestique.

De même que nos intérêts familiaux sont subordonnés aux intérêts patriotiques, ces derniers sont et doivent être subordonnés aux intérêts généraux de l'Humanité.

Enfin, pour que les sentiments sociaux eux-mêmes ne dégénèrent point en un vague et stérile Don Quichottisme, il leur faut un aliment, un excitant et un régulateur puissants. L'Humanité les leur fournit.

Avec beaucoup plus d'autorité et de légitimité que l'être mystique auquel l'auteur de *l'Imitation* rapporte toutes choses, elle pourrait dire, en effet :

« J'ai tout donné ; je redemande tout et j'exige, avec une grande rigueur, la reconnaissance qui m'est due » (1).

(1) *Imitation de Jésus-Christ* : Liv. III ; chap. IX. Qu'il faut rapporter tout à Dieu, comme à notre dernière fin.

A la vérité, dit Auguste Comte, l'Humanité n'a point créé les matériaux que son activité utilise, ni les lois qui gouvernent les phénomènes. « Mais l'ordre naturel est assez imparfait pour que ses bienfaits ne se réalisent envers nous que d'une manière indirecte, par l'affectueux ministère de l'être actif et intelligent sans lequel notre existence deviendrait presque intolérable. Une telle conviction autorise assez chacun de nous à diriger vers l'Humanité toute sa juste reconnaissance, même quand il existerait une providence encore plus éminente, d'où émanerait la puissance de notre commune mère, hypothèse que l'ensemble des études positives exclut d'ailleurs radicalement......

« Sous le régime théologique, la plupart des remerciements, adressés à l'être fictif, constituent autant d'actes d'ingratitude envers l'Humanité, seul auteur réel des bienfaits correspondants. En un mot, notre reconnaissance doit considérer les produits, sans remonter aux matériaux, qui n'offrent presque jamais un mérite suffisant » (1).

Au surplus, nous ne subissons plus le monde extérieur et ses lois que dans des conditions créées par l'Humanité. Désormais, suivant la remarque de Comte, l'Humanité s'interpose même entre l'homme et le monde (2).

En constatant que l'Humanité est et doit être le centre perpétuel de nos pensées, de nos actes et de nos sentiments, la science positive donne simultanément aux trois grands aspects fondamentaux de notre nature, à l'intelligence, à l'activité, au cœur, une communauté de direction et de satisfactions ; elle institue une unité individuelle et collective que la théologie, à aucune des

---

(1) *Politique positive* : II, p. 57.
(2) V. ÉMILE CORRA : *Les Devoirs naturels de l'homme ;* troisième partie, pp. 35-57.

époques de son empire, n'a pu réaliser avec une pareille intensité, puisque la raison et l'activité ont toujours été plus ou moins sourdement en conflit avec la foi théologique.

Avec l'idée de Dieu, il était, en effet, radicalement impossible de concilier l'intelligence et la bonté avec la toute puissance, comme le faisaient malignement remarquer les athées du xviiie siècle, en disant que, si Dieu est tout puissant, il est responsable du mal autant que du bien. Or, s'il laisse le mal se manifester, c'est parce qu'il le charme, comme le bien, et il n'est ni intelligent, ni bon ; ou il ne peut pas supprimer le mal, bien qu'il en soit affligé, et il n'est pas tout puissant.

De plus, l'unité théologique n'a jamais pu être réalisée, parce que, logiquement, l'amour et la prière auraient dû dispenser de tout effort mental ou pratique. La providence surnaturelle, convenablement invoquée, aurait dû pourvoir à tous les besoins de l'Humanité. Cependant, les dévots les plus mystiques, à moins d'extase pathologique, n'ont jamais attendu de cette providence la satisfaction des nécessités impérieuses imposées par l'obligation de se nourrir, de se vêtir, de se loger ; ils ont toujours eu recours aux procédés positifs et aux ressources matérielles, pour ces divers objets.

Bref, sous le régime théologique, le culte et le régime, au moins, sont hétérogènes ; le premier concerne la divinité, le second, l'homme. En outre, tous deux ont un caractère égoïste et la foi et la morale sont divergentes et antagonistes.

C'est pour cela qu'un théologien peut fort bien être, à la fois, très dévot et très immoral, comme Tartuffe.

Enfin, la théologie n'est jamais parvenue à se faire croire que dans des conditions limitées de temps et d'espace.

Avec l'unité positive, réalisée par l'Humanité, aucun

de ces inconvénients n'est à redouter ; ils ne sont pas possibles.

La conception de l'Humanité n'a pas seulement une utilité morale ; elle a la même utilité philosophique et pratique ; elle met d'accord le cœur, la raison et l'activité ; toutes nos actions, toutes nos pensées, toutes nos connaissances peuvent, aussi bien que nos sentiments, la prendre constamment pour inspiratrice et pour objet, maintenant et toujours.

Ainsi la philosophie, la politique, la morale peuvent avoir le même caractère humain, la même destination sociale chez tous les peuples, à toutes les époques.

Le but de la vie humaine, dans tous les temps, dans tous les lieux, est de connaître, aimer, servir l'Humanité, par l'intermédiaire de la Famille, de la Cité et de la Patrie.

Quand on l'apprécie, on ne peut se dispenser de l'aimer, et quand on l'aime, on est instinctivement poussé à la servir, c'est-à-dire à vivre pour autrui, en travaillant surtout pour la postérité, représentée par nos successeurs immédiats, domestiques et sociaux.

La morale universelle se trouve de la sorte édifiée sur des bases permanentes inattaquables.

C'est pourquoi, considérant la multiplicité et la complexité, sans cesse croissantes, des liens qui rattachent les Patries et les hommes, non seulement à tous les représentants actuels de l'Humanité, mais aux générations disparues et aux générations futures, et qui font, de chacun de nous, à la fois un produit et un serviteur de l'Humanité, Auguste Comte a dit excellemment que toute l'évolution humaine peut se résumer dans cette loi unique : *l'homme devient de plus en plus religieux* (1).

(1) *Politique positive :* III, p. 10.

CHAPITRE V

Conceptions systématiques de l'Humanité
postérieures à Auguste Comte.

Depuis Auguste Comte, la conception de l'Humanité, à ma connaissance du moins, n'a bénéficié d'aucun apport nouveau de la pensée philosophique pure.

Mais, à défaut des philosophes et des théoriciens, les faits ont parlé.

L'évolution sociologique, les progrès de la civilisation, la force des choses, l'internationalisation de toutes les grandes questions, ont imposé la considération de l'Humanité aux hommes d'affaires, aux hommes d'État, à tous les observateurs sagaces de la vie générale des sociétés contemporaines.

La nature synthétique de l'Humanité, théoriquement établie par Auguste Comte, a été, de nouveau, découverte par les praticiens aux prises avec les réalités ; et les plus éminents de ceux-ci ont même dégagé, de leur propre expérience, des leçons et des enseignements que les positivistes peuvent invoquer comme de nouveaux arguments en faveur de la doctrine de leur maître.

Les deux conférences diplomatiques de la paix, réunies à La Haye, en 1897 et 1909, par exemple, ont fait des déclarations solennelles qui, sans compter leurs travaux pratiques symptomatiques, fortifient singulièrement la conception, jusque-là théorique, de l'Humanité.

La première a proclamé « la solidarité qui unit les membres de la société des nations civilisées ».

La seconde s'est montrée unanime :

« 1º A reconnaître le principe de l'arbitrage obligatoire ;

« 2º A déclarer que certains différends, et notamment ceux relatifs à l'interprétation et à l'application des stipulations conventionnelles internationales, sont susceptibles d'être soumis à l'arbitrage obligatoire sans aucune restriction ;

« Enfin, à proclamer que, s'il n'a pas été donné de conclure dès maintenant une convention en ce sens, les divergences d'opinion qui se sont manifestées n'ont pas dépassé les limites d'une controverse juridique, et qu'en travaillant ensemble, pendant quatre mois, toutes les puissances du monde non seulement ont appris à se comprendre et à se rapprochr davantage, mais ont su dégager, au cours de cette longue collaboration, un sentiment très élevé du bien commun de l'Humanité ».

Dans ces deux conférences, une diplomatie du droit a donc, selon l'expression de M. Léon Bourgeois, commencé à s'affirmer en face de la diplomatie de la force (1).

Évidemment, la substitution de l'une à l'autre diplomatie n'est encore qu'ébauchée.

Le problème est posé ; il n'est pas résolu.

Mais on ne peut concevoir aucun doute sur la nature de sa solution, quelque éloignée qu'elle puisse être.

Car toute l'évolution humaine a eu pour but et pour résultat de combattre la violence, de subordonner la force et de lui imposer des devoirs.

C'est à cet état de choses que sont assujettis, depuis longtemps, les rapports humains dans les sociétés civilisées.

Pourquoi les rapports des sociétés entre elles ne seraient-ils pas, à leur tour, soumis aux mêmes conditions ?

____

(1) *Pour la société des nations*, p. 15.

Aucun principe ne s'y oppose. Seuls, les restes d'ignorance et de bestialité, qui souillent encore le fond de notre nature, empêchent la réalisation actuelle de cette moralité nouvelle.

Mais ces tares primitives — le passé le démontre — sont en voie de régression continue.

D'autre part, tirant merveilleusement profit de la masse immense des matériaux qu'ils ont recueillis, les directeurs de l'*Office central des associations internationales,* MM. La Fontaine et Otlet, ont très judicieusement dégagé l'enseignement et la philosophie du mouvement internationaliste dont ils suivent toutes les manifestations avec perspicacité ; ils ont clairement reconnu que la civilisation humaine entre dans une nouvelle ère, « l'ère de la mondialité » ; ils ont décrit, en traits énergiques, la physionomie de cette ère dans l'introduction du dernier *Annuaire de la vie internationale,* dont j'ai, plus haut, déjà signalé l'intérêt et l'importance documentaires.

« Le développement des relations entre les peuples, disent-ils (1), est le trait le plus caractéristique de la civilisation actuelle. L'internationalisme de notre époque n'est pas seulement une conception de l'esprit ; il repose sur un ensemble de réalités. Ce sont : l'expansion de l'homme à travers toute la terre ; le réseau de communications qu'il a établi pour le transport des personnes, des marchandises et des idées ; l'économie devenue mondiale dans toutes les branches du travail, dans l'industrie, le commerce et la finance ; les sciences, les lettres et les arts, constituant graduellement, de toutes les pensées nationales et ethniques, une pensée mondiale, grâce aux voyages, aux publications, aux progrès, aux expositions ; enfin, la formation d'unités politiques de plus en

(1) P. 29.

plus considérables substituant un gouvernement unifié à une infinité de souverainetés secondaires ou fédérant les peuples par des ententes de plus en plus nombreuses et étendues.

« A la réalisation de l'internationalisme travaillent des groupes puissants : le groupe des *Juristes*, représentés par les associations qui poursuivent des études de droit international ; le groupe des *Politiques* qui agissent par la Conférence interparlementaire ; le groupe des *Savants et des hommes d'œuvre* qui universalisent et solidarisent tous les domaines de l'activité et de la pensée ; le groupe des *Pacifistes* qui cherchent à supprimer ou tout au moins à limiter la guerre, grand obstacle au développement de la coopération internationale ; le groupe des *Diplomates* réunis, en des conférences officielles, dont celle de La Haye, désormais périodique, vient d'orienter leur action séculaire vers des fins d'équité et de justice. »

Et plus loin :

« Le monde international actuel révèle à l'observateur attentif un mouvement énorme de faits, d'idées, d'observations et d'études. Ce mouvement grandit chaque jour avec le développement incessant des relations de peuples à peuples et avec les progrès vertigineux de la science.

« L'internationalisme n'est qu'une manifestation de la loi de synthèse qui est universelle. Le problème qu'il pose est celui d'une adaptation de plus en plus nécessaire de nos sociétés modernes aux conditions nouvelles de la vie internationale. A leur structure communale, régionale, nationale, il importe, tout en les respectant, de superposer une structure internationale.

« Celle-ci n'implique pas seulement l'édification d'un régime basé sur la paix, mais surtout la transformation de nos conceptions sur la coopération et l'organisation en matière scientifique, économique et sociale. Au-dessus des progrès particuliers que chaque localité, que chaque pays est appelé à réaliser, il est nécessaire de travailler à un progrès général, le progrès de l'Humanité même, conçue comme une seule grande communauté se transmettant, d'âge en âge, les acquisitions matérielles, intellectuelles et morales » (1).

« Le but de l'organisation internationale doit être d'unir le monde civilisé tout entier dans une action commune, en vue de réaliser certains buts d'intérêt universel, dépassant les forces d'un seul pays, de donner à l'Humanité les organes dont elle a besoin pour agir avec la puissance accrue d'une collectivité plus nombreuse, de placer l'activité humaine dans les conditions *optima* pour qu'elle se développe dans toute son ampleur.

« L'organisation internationale est liée au progrès de l'Humanité et de la civilisation.

« A côté des civilisations nationales, superposée à elles, doit exister une civilisation mondiale, basée sur ce qu'il y a de commun dans les civilisations nationales et réalisant l'esprit de polycivilisation. Il appartient à notre époque d'élaborer la synthèse des diverses nationalités et l'unité du genre humain, et, à cette fin, d'assurer les conceptions fondamentales, de solidariser les sentiments, d'internationaliser les efforts, d'assigner un programme à l'action commune.

« Absorber toutes les énergies de son temps, s'en approprier toutes les tendances, concentrer en soi les résultats de tous les efforts, tel a été le privilège des génies. En présence de l'énomité des tâches à accomplir et des exigences croissantes de la division du travail, il doit devenir le privilège des associations internationales » (2).

Et déjà des projets, ayant pour but de réunir dans un même centre, tous les organes des intérêts communs des

---

(1) Otlet : *Loco citato*, p. 62.
(2) P. 42.

nations aujourd'hui dispersés, à Berne, Bruxelles, La Haye ou Paris, et de créer une conscience universelle, une capitale internationale unique, ont été élaborés.

Des architectes habiles ont tracé les plans et devis de cette cité nouvelle grandiose que La Haye, Bruxelles, Rome ambitionnent l'honneur de s'adjoindre, et sa conception seule est un symptôme significatif des préoccupations de l'Humanité contemporaine.

Cette entreprise concrète a sans doute la tort d'être prématurée ; mais elle a, du moins, le mérite de contribuer à démontrer qu'à côté de la grande théorie philosophique d'Auguste Comte, la main des praticiens, justifiant et fortifiant cette théorie, travaille, dès maintenant, à une constitution objective de l'Humanité qui, quelque jour, convenablement rectifiée, se dressera devant les yeux émerveillés de notre espèce tout entière, comme son œuvre la plus belle et la plus durable.

Du moins, les faits actuels et les réalités pratiques autorisent, autant que la philosophie de l'histoire de l'Humanité, une robuste confiance dans l'amélioration de son organisme et dans la splendeur de son avenir.

CHAPITRE VI

Obstacles opposés à la conception scientifique de l'Humanité.

Cependant, malgré sa base objective de plus en plus étendue, sa robuste rationnalité, sa haute portée sociale et morale, la conception de l'Humanité ne prévaut pas encore, même parmi les esprits purgés de tout ferment théologique ; elle ne convertit pas sans résistance les hommes éclairés ; elle rencontre des détracteurs ou, — ce qui est peut être plus fâcheux, — des interprètes plus compromettants qu'utiles. Bref, elle se heurte à quatre catégories d'adversaires : les alarmistes ; les sceptiques ; les mystiques, et, par dessus tout, les inconscients.

Les premiers remplissent le monde de leurs clameurs, épouvantés, du moins en apparence, par la pensée que la préoccupation des devoirs envers l'ensemble du genre humain peut débiliter le civisme, noyer le sentiment national et induire les hommes à la méconnaissance de leurs devoirs envers leur Patrie, comme il advint chez les premiers chrétiens qui subissaient le martyre plutôt que de porter les armes romaines et de verser le sang des Barbares, subitement devenus leurs frères, suivant le Christ.

Ces alarmes sont, dans une certaine mesure, justifiées, par quelques internationalistes illuminés qui prophétisent la dissolution prochaine des patries dans une espèce d'océan social universel.

Mais cette utopie est controuvée par les faits historiques.

En effet, bien que, selon la loi formulée par Auguste Comte, « le sentiment social se développe à mesure que les relations humaines s'étendent », toujours les associations plus générales se sont superposées aux sociétés plus élémentaires, antérieurement développées, sans les anéantir.

Les cités se sont formées sans dissoudre les familles, et les Patries, à leur tour, se sont constituées, sans dissoudre les cités.

En supposant que la concorde, la sympathie, la fraternité, triomphent de toutes les dispositions discordantes, qu'elles règnent, un jour, sur toute la terre et qu'une sorte de confédération universelle des peuples s'institue, des sociétés distinctes n'en subsisteront pas moins. Il est aussi chimérique de rêver la disparition des Patries que de concevoir, dans ces Patries elles-mêmes, la suppression des cités qui les composent et celle des familles qui constituent ces cités. L'unité mentale et morale, vers laquelle tend de plus en plus manifestement le genre humain, n'implique nullement l'unité politique. L'union n'a nul besoin de l'unité. Le concours s'associe parfaitement avec l'indépendance, et la diversité naturelle des groupements humains, la complexité des fonctions, l'intérêt général de l'Humanité imposeront toujours à ces groupements une existence, une organisation et une activité propres.

L'Humanité ne sera jamais qu'une agrégation de patries, c'est-à-dire de gouvernements.

Les patries sont des éléments, naturels, spontanés, irréductibles au fond, qui ne se laisseront pas résorber ; mais l'égoïsme national n'est indispensable ni à l'entretien, ni au développement du civisme, sans lequel, il est vrai, les Patries ne sauraient subsister. Les objets impératifs du civisme sont assez multiples pour que le militarisme puisse décroître sans le supprimer.

L'amour de l'Humanité n'est, en effet, nullement incompatible avec les autres formes du sentiment social, notamment avec le sentiment national ; il les implique, mais ne les exclue ni ne les opprime. De même que le patriotisme ne fait pas obstacle à l'amour de la famille à laquelle on appartient, à l'amour du lieu dans lequel on a vu le jour, ou de la résidence habituelle, de même on peut sympathiser avec l'ensemble des hommes sans cesser d'avoir de la prédilection pour son propre pays, ni de le servir loyalement.

Il n'y a pas plus de contradiction entre le patriotisme et l'amour de l'Humanité qu'il n'y en a entre le sentiment domestique et le sentiment civique.

L'Humanitarisme, comme on dit, n'est que la dilatation extrême de l'altruisme naturel de l'homme. D'abord bornée à la famille, à la tribu, à la caste, à la cité, notre sociabilité s'est depuis longtemps étendue à la société de cités qu'on nomme la Patrie ; elle peut embrasser aujourd'hui la grande association de Patries qui forme l'Humanité, sans négliger les autres associations auxquelles elle doit son épanouissement antérieur.

Le patriotisme n'a donc rien à redouter de l'Humanitarisme : au contraire, il est renforcé, purifié, ennobli par celui-ci, qui lui fournit les moyens de constater que la valeur et la gloire d'une Patrie dépendent beaucoup moins de son ardeur égoïste et de la crainte qu'elle inspire aux Patries voisines que de son influence sur la civilisation générale et du rôle bienfaisant qu'elle joue dans son développement.

« Penser que l'amour de l'Humanité signifie la mort ou l'atrophie du patriotisme, c'est ne pas comprendre que, dans le cœur humain, il y a place pour tous les sentiments altruistes qui s'étendent, comme les ondes d'un lac, de notre personne à notre famille, puis à notre cité, à notre nation, enfin à l'Humanité (1) ».

_____

(1) Enrico Ferri. *La Revue :* 1er février 1904, p. 304.

Quant aux sceptiques, ils considèrent la fraternité universelle comme un beau rêve poétique incapable de séduire la froide raison. Tout au plus concèdent-ils que des siècles nombreux s'écouleront encore avant que la masse de tous les peuples atteigne une élévation mentale et morale suffisante pour lui permettre d'embrasser un horizon plus vaste que celui dans lequel elle est actuellement prisonnière ; mais cet avenir est tellement éloigné, tellement incertain qu'il leur paraît inutile de s'en préoccuper aujourd'hui.

Ces sceptiques oublient que ce sont les idées qui dirigent les hommes, et que toutes les grandes transformations sociales, qui se sont, jusqu'à nos jours, opérées dans le monde, sont le résultat de profondes transformations mentales et morales, préalables ; ils ignorent l'énorme puissance de pénétration que possède une idée féconde ; ils oublient que, déjà, la méfiance routinière s'est obstinée à ne voir d'abord que des utopies : dans la science qui a chassé la théologie ; dans le nouvel esprit politique qui a ruiné l'ancien régime, renversé le trône des despotes et substitué partout, en Occident, le règne des libertés publiques à celui de l'arbitraire ; dans les sentiments généreux, qui ont provoqué l'abolition de la traite des noirs et de l'esclavage.

Ils ne voient pas : que l'Humanité, telle que nous l'avons envisagée dans cette étude, est le résultat d'un phénomène historique continu, d'une loi naturelle d'évolution ; que les devoirs, correspondant à cet état de choses, prennent une importance toujours croissante dans les affaires du monde : qu'un mouvement de plus en plus impérieux entraîne désormais les peuples et leurs gouvernements vers un idéal de paix et de fraternité, chaque jour proclamé, avec plus ou moins de sincérité, mais obligatoirement, comme le but supérieur de toute l'activité humaine.

Dans ces conditions, il n'est pas aussi chimérique que les sceptiques le pensent de concevoir comme possibles l'établissement des États-Unis d'Europe, leur alliance avec les États-Unis d'Amérique et le Japon, enfin l'accession de la Chine à ce concert des plus grandes nations du globe.

L'illusion consisterait seulement à considérer ce rapprochement universel, comme immédiatement réalisable ; mais les hommes clairvoyants ne peuvent plus douter de sa préparation et de la marche incessante et graduelle du genre humain vers une organisation plus intelligente de sa solidarité spontanée.

Incontestablement, il eût été plus absurde, au cœur du Moyen-âge, de concevoir que l'Europe, alors décomposée en une multitude de petites seigneuries, souveraines et rivales, ne comporterait plus, un jour, qu'une dizaine de grandes nations homogènes. Cependant le phénomène s'est réalisé, quelques siècles plus tard.

Enfin, on a fait reproche à la conception de l'Humanité de favoriser le mysticisme et, pour ma part, je n'hésite pas à classer, parmi les adversaires de la théorie scientifique que je viens d'exposer, les lecteurs d'Auguste Comte, qui, sous prétexte d'une fidélité scrupuleuse à ses derniers enseignements, voudraient réduire cette immense construction sociologique à une image féminine, devant laquelle il suffirait de prendre des airs graves, de psalmodier des formules et de se livrer à des effusions de tendresse, en brûlant de l'encens, comme devant une idole, pour atteindre la perfection intellectuelle, morale et civique.

Ainsi compris, loin d'être un auxiliaire de la raison publique, le culte de l'Humanité ferait obstacle à son développement ; il réveillerait la dévotion à laquelle le Positivisme doit substituer le dévouement ; il exciterait la répulsion chez les esprits émancipés, sans bénéficier d'aucune dérivation de la sympathie des autres.

Mais la grande idée abstraite de l'Humanité n'est pas plus une entité que le principe de la conservation de l'énergie en physique, celui de la conservation de la matière en chimie, celui de l'évolution en biologie ; elle n'aboutit pas nécessairement au mysticisme, même quand on la symbolise.

Comme nous l'avons démontré plus haut, l'Humanité se compose d'une double masse : l'une subjective, comprenant les morts et les non-nés ; l'autre objective, embrassant l'ensemble des hommes vivants, par l'intermédiaire desquels la vie des autres est perpétuée ou préparée.

Si l'on ne veut pas perdre le contact avec la réalité, c'est donc sur cette dernière masse d'abord qu'il faut faire reposer la représentation concrète de l'Humanité. On peut ainsi se former, au sujet de sa constitution, un idéal rationnel, et par conséquent accessible, comme l'ont fait les internationalistes pratiques sur lesquels cependant le Positivisme n'a exercé aucune action directe.

Par exemple, il est légitime de concevoir que l'Humanité pourrait finalement se condenser :

au point de vue pratique, dans une confédération des Patries, dont la cour de La Haye peut être considérée comme l'embryon ;

au point de vue théorique, dans une société internationale de philosophes, ralliés par une doctrine scientifique, commune, et jouissant auprès de l'opinion publique d'un crédit suffisant, pour intervenir, avec utilité, au nom de cette doctrine, dans les affaires humaines, et rappeler, le cas échéant, les populations et les gouvernements au respect des intérêts universels des hommes.

En poursuivant, avec persévérance, la réalisation de ce double idéal, on honore beaucoup plus efficacement

la mémoire et le génie d'Auguste Comte, on se conforme
bien plus sûrement à l'esprit, à la méthode, à la destination de sa propre doctrine, qu'en exhumant, pour la
transformer en article de foi, son utopie de la Vierge-
Mère.

Cette utopie n'était, d'ailleurs, dans cette tête excep-
tionnelle, que la condensation esthétique d'une longue
série de travaux philosophiques, dont il faut toujours
s'imprégner primitivement, sans oublier un instant : que
la conception de l'Humanité n'est pas seulement une
création du sentiment ; qu'elle est aussi le fruit d'une
observation attentive, d'une raison très éclairée, et que,
si elle aboutissait à la personnification d'une entité
nouvelle, à l'apparition dernière d'une divinité fictive,
elle serait en contradiction avec le mouvement incessant de l'esprit positif, et ralentirait l'évolution de la
pensée humaine au lieu de coordonner ses efforts pro-
gressifs.

Pour être véritablement positiviste, il ne suffit pas de
réciter les œuvres d'Auguste Comte ; il faut les repenser.
Les disciples sagaces de ce grand conducteur doivent
d'autant moins hésiter à faire subir cette transformation à
son œuvre et à la dégager du voile mystique sous lequel
de maladroits amis s'ingénient à l'envelopper tout entière
que, dans le temps même où il élaborait l'utopie de la
Vierge-Mère, il mettait la dernière main à tout un système général d'éducation populaire, intellectuelle, morale et pratique, destiné à rendre la notion d Humanité,
évidente et familière à la masse inconsciente qui consti-
tuera toujours le plus redoutable obstacle à la diffusion
de cette conception.

Ce système, qui s'appuie sur les indestructibles fondements de la science sociale, statique et dynamique, a
supporté, sans subir de dégradations, les outrages du
temps et de la critique ; il est encore, aussi complète-

ment que possible, en harmonie avec les besoins de la situation ; c'est le plus apte à rendre scientifique la notion d'Humanité, à cultiver, perfectionner, développer cette idée capitale, synthèse et couronnement de toute l'évolution humaine, philosophique, politique et morale.

Je vais l'exposer, brièvement, en matière de conclusion.

TROISIÈME PARTIE

Culture méthodique de la conception scientifique de l'Humanité.

CHAPITRE Ier

Système d'éducation intellectuelle propre à développer la connaissance de l'Humanité.

De tout ce qui précède, il résulte bien manifestement, croyons-nous, que la grande société des nations, l'association générale des Patries, que, d'une manière synthétique, nous nommons l'Humanité, est notre seule providence intellectuelle, morale et pratique, et que c'est à l'ensemble de nos prédécesseurs et de nos contemporains que nous sommes redevables de tous les perfectionnements qui caractérisent aujourd'hui l'élite de notre espèce.

En réalité, nous sommes totalement indifférents au monde dans lequel nous sommes venus tard et pour un temps limité. Hors de l'Humanité, il n'y a que des forces inconscientes et aveugles qui se jouent des êtres qui leur sont subordonnés, comme l'ouragan se joue du grain de poussière. Il n'existe pas de providence surnaturelle ailleurs que dans l'imagination fantaisiste des ignorants où cette croyance est aussi variable que les individus eux-mêmes. Nous ne devons et nous ne pouvons devoir qu'à nous-mêmes et à une connaissance de plus en plus approfondie des lois naturelles qui conditionnent notre existence, individuelle et sociale, l'amélioration de notre sort et de notre nature.

Cette amélioration ne peut, par conséquent, être obtenue sans effort, sans persévérance, sans culture, en un mot, sans un système d'éducation approprié au triple objet de notre vraie destinée qui est essentiellement, comme nous l'avons montré, de connaître, aimer, servir l'Humanité.

Aimer l'Humanité, travailler pour elle, autant que nous le pouvons, par l'intermédiaire de la Famille, de la Cité, de la Patrie, auxquelles nous appartenons, n'est pas seulement un devoir; c'est notre intérêt le plus immédiat.

Toute autre conception de la conduite humaine est aussi pernicieuse que stupide.

Mais, pour aimer et servir l'Humanité, il faut la connaître, et, bien que l'éducation positive doive nécessairement s'imposer une triple destination, intellectuelle, morale et pratique, bien qu'elle doive avoir simultanément pour objet l'esprit, le cœur et le caractère, elle doit, préalablement et sans relâche, éclairer l'intelligence et lui rendre précise, familière et constante, la notion capitale de l'Humanité.

Or, l'existence et la nature de l'Humanité sont, désormais, assez bien déterminées pour qu'on puisse, non-seulement se préoccuper de la conservation d'une doctrine scientifique aussi nécessaire pour l'intelligence de la civilisation générale et pour l'orientation du gouvernement des sociétés humaines, mais encore entreprendre de la dégager d'une sentimentalité vague et de la répandre, de la cultiver, de la développer, d'une manière rationnelle et systématique.

Le premier procédé de cette culture positive, partout applicable, c'est la vulgarisation de l'enseignement des sciences et de la philosophie scientifique de l'histoire, d'où la conception de l'Humanité dérive si naturellement que leur étude fut sa source originelle.

En effet, on l'a vu, c'est en contemplant, d'un œil avisé, le spectacle de l'évolution des sciences et de l'Humanité que Descartes, Pascal, Leibnitz, Kant, Turgot et Condorcet, ont, les premiers, clairement entrevu que le développement de l'ensemble de notre espèce est régi par des lois.

D'autre part, c'est en suivant, d'un pas plus assuré, les mêmes voies et en scrutant plus complètement les vastes horizons qu'elles offrent au penseur, qu'Auguste Comte a définitivement déterminé la structure et le mode d'existence de l'Humanité.

Le fait s'explique sans effort.

Les sciences attestent péremptoirement, dans des cas relativement simples, l'étroite solidarité des hommes, à la fois dans le présent et dans la série des âges écoulés ; elles représentent des constructions collectives, indiscutables, dont tous les matériaux enchaînés peuvent, en quelque sorte, être nominalement repérés, dans le temps et dans l'espace ; elles sont le fruit évident d'une coopération internationale, séculaire ; elles sont, par excellence, une œuvre humaine continue, où les puissances imaginaires qu'on invoque si libéralement ailleurs n'ont, incontestablement, jamais joué aucun rôle.

Il en est de même des applications des sciences à l'industrie, auxquelles des hommes de tous les temps et de tous les lieux ont aussi collaboré et qui sont aussi, maintenant, répandues dans le monde entier.

De plus, les sciences et leurs applications sont éminemment propres à inculquer la notion d'Humanité, parce qu'avec le fonds commun de notions, d'habitudes et d'aspirations rationnelles qu'elles mettent à la disposition de tous les esprits éclairés, et qu'elles accroissent sans cesse, elles rapprochent nécessairement ceux-ci ; elles déterminent leur concours intime et fraternel ; elles les assimilent les uns aux autres.

On peut dire que, d'ores et déjà, l'unité du genre humain est réalisée, du moins partiellement, dans le domaine des sciences cosmologiques et biologiques. Les Européens, les Américains et les Asiatiques pensent, à cet égard, d'une manière identique.

La géologie et la paléontologie, ces deux sœurs jumelles qui sont nées et se sont développées au xix⁰ siècle, fournissent une preuve éclatante de cette aptitude synthétique, sympathique et synergique, des sciences ; car les innombrables savants , qui explorent ces deux domaines, en tous pays, se sont rapidement mis d'accord, non seulement sur les faits qu'ils observent, mais sur la nomenclature toute nouvelle de ces faits, tirée un peu partout, et souvent d'une façon très arbitraire, du grec et du latin.

Cet incomparable privilège des sciences, envisagées sous le simple point de vue technique, est bien plus important et caractéristique encore, quand on dégage la philosophie de leur histoire et de leur influence et quand on apprécie l'action décisive et convergente qu'elles ont exercée sur l'évolution de la mentalité des hommes et dans la construction, aujourd'hui complète, de ce grand système d'explication réelle du monde, de la vie, de la société, auquel Auguste Comte a donné la philosophie positive pour dénomination et la science sociale pour couronnement.

Alors, les sciences cosmologiques et biologiques, quelle que soit leur valeur spéciale, n'apparaissent plus que comme une préparation indispensable à la connaissance des conditions d'existence de l'Humanité, but suprême et constant de toutes nos recherches théoriques et de tous nos travaux pratiques ; car, suivant la maxime profonde de Mme de Lambert : « la première science de l'homme, c'est l'homme ».

La science est faite pour l'homme et non l'homme pour la science.

Savoir pour prévoir afin de pourvoir à notre perfectionnement matériel, biologique, intellectuel, moral et social, telle doit être la règle de toute l'activité mentale.

« L'intelligence a plus besoin que la richesse d'être « toujours ramenée au service de l'Humanité », comme le disait Auguste Comte (1).

Les sciences ne sont plus qu'un passe-temps de dilettante quand on les cultive sans souci de leur destination sociale, et l'étude de chacune d'elles demeure imparfaite et froide quand elle n'est pas complétée par une conclusion synthétique propre, non seulement à faire ressortir toutes ses propriétés intellectuelles, morales et sociales, mais encore à ramener l'esprit à la considération de l'ensemble, pour le prémunir contre les dangers multiples de la spécialisation.

C'est ce qu'Auguste Comte a merveilleusement établi dans le premier grand ouvrage par lequel son nom est immortalisé et dans le premier volume de SYNTHÈSE SUBJECTIVE *ou système universel des conceptions propres à l'état normal de l'Humanité,* qu'il a publié sous le titre de *Système de logique positive ou traité de philosophie mathématique,* avec l'épigraphe suggestive : « L'homme doit, de « plus en plus, se subordonner à l'Humanité ».

C'est ce que, à son exemple, Pierre Laffitte n'a jamais négligé de faire dans aucun des cours magistraux qu'il a consacrés, durant sa laborieuse vie philosophique, à toutes les branches du savoir théorique, et qu'il couronnait toujours par une « conclusion religieuse », destinée à montrer la corrélation de la branche spéciale qu'il venait d'étudier avec le tronc commun de l'arbre généalogique de l'Humanité.

(1) *Appel aux Conservateurs,* p. 102.

Cette méthode doit être érigée en système pour l'institution d'une culture rationnelle et d'une éducation intellectuelle propres à développer la connaissance de l'Humanité ; mais une pareille éducation dépend surtout de l'enseignement de la science sociale, c'est-à-dire de l'étude de la constitution même et du développement de l'Humanité, fondée par Auguste Comte sous le nom de Statique sociale ou science de l'Ordre humain, et de Dynamique sociale, ou science du Progrès humain.

Un pareil enseignement n'existe nulle part, aujourd'hui ; il est seulement ébauché dans les centres positivistes et cette lacune démontre, mieux que toutes les dissertations, les immenses efforts qui restent à faire pour donner à la conception de l'Humanité toute son ampleur, toute sa puissance, et pour amener à maturité tous les fruits de civilisation que cette grande doctrine porte en germes.

Le besoin de cet enseignement est cependant ressenti par les observateurs empiriques de l'état actuel du monde et les organisateurs du Congrès mondial des associations internationales qui s'est tenu à Gand-Bruxelles, en juin 1913, avaient judicieusement mis le projet de création d'une université internationale à l'ordre du jour des travaux de cette réunion.

Je me suis, à cette occasion. efforcé de montrer (1) que le Positivisme est seul capable de résoudre un aussi vaste problème ; mais je ne me flatte pas d'avoir été compris.

Dans tous les cas, pour nous, la solution n'est plus à chercher.

Pour fonder une éducation internationale, pour apprendre à connaître l'Humanité, sa nature, sa vie, sa destination, il faut enseigner universellement la philosophie positive, et surtout les sciences sociale et morale qui

____

(1) V. *Revue positiviste internationale,* 1er juillet 1913, p. 58.

synthétisent la conception de la solidarité et de la continuité des générations.

Et cette éducation universelle ne doit pas être instituée
pour une élite ; elle serait une antinomie si elle demeu-
rait aristocratique ; il est, au contraire, indispensable
qu'elle soit vraiment populaire, comme l'indiquait
Auguste Comte qui, lorsqu'il en jetait les bases, avait
toujours les prolétaires des deux sexes en vue.

Ses disciples l'ont suivi dans cette voie.

Pierre Laffitte s'est efforcé de réaliser un enseignement positiviste populaire supérieur et la Société d'enseignement populaire positiviste de France poursuit son
œuvre, dans la mesure de ses modestes moyens, avec les
conférences, destinées à vulgariser successivement tous
les grands aspects du Positivisme, qu'elle organise chaque
hiver.

En attendant que la philosophie des sciences, la science
sociale et la philosophie de l'histoire générale de l'Humanité fassent l'objet d'un enseignement aussi répandu,
aussi régulier que les autres connaissances positives, on
peut au moins utiliser leurs lumières pour apporter des
modifications bienfaisantes aux programmes surannés
et incohérents des universités qui, en France, par
exemple, obligent les jeunes gens à disserter également
sur *le Discours sur la Méthode* de Descartes, *le Discours
sur l'Esprit positif* d'Auguste Comte, et sur la Matière,
l'Ame et Dieu.

On peut aussi mettre à contribution ces philosophies
pour améliorer l'enseignement même des sciences, généralement exposées par les écrivains et les professeurs,
comme s'ils en étaient les pères, et qui aurait une
tout autre efficacité si l'histoire de chaque science était
combinée avec son enseignement dogmatique.

Cette méthode est d'autant plus plausible que l'his-

toire d'une science contribue singulièrement à éclairer
ses parties successives, son ensemble, son évolution
passée, sa destination, et que l'individu suit, dans son
développement intellectuel, la même marche que l'espèce.

Les grands mathématiciens contemporains l'ont bien
compris (1).

Cette combinaison du dogme scientifique et de son
histoire deviendrait même plus salutaire encore, si, à
l'occasion de l'exposé des découvertes fondamentales,
les instructeurs étaient capables d'évoquer tous les services et toute la reconnaissance que la postérité doit aux
grands hommes, qui en furent les auteurs, et à leur temps.

Alors, selon le vœu d'Auguste Comte, « l'exposition
« des théorèmes mathématiques les plus abstraits pour-
« rait elle-même devenir la source des émotions les plus
« douces, » et le cœur bénéficierait, autant que l'esprit,
de l'étude des sciences.

On peut enfin préconiser encore, comme moyens
accessoires et préparatoires à une meilleure connaissance
de l'Humanité, le développement des voyages d'instruc-
tion, celui des relations internationales, celui de l'étude
des langues étrangères, et les efforts tentés en vue de
l'adoption d'une langue auxiliaire, universelle.

Sur toutes ces questions secondaires, mais importantes
néanmoins, pour la réalisation de l'unité mentale du
genre humain, Auguste Comte a émis des vues sagaces,
trop méconnues, sur lesquelles je ne peux malheureusement insister ici, contraint que je suis de me borner à
indiquer ce qu'il est essentiel d'incorporer à un enseignement théorique de la nature et du développement de la
société des nations.

(1) V. Conférences du Musée pédagogique, 1904 : *L'enseignement
des sciences mathématiques et des sciences physiques,* par H. Poin-
caré, Lippmann, etc., et Ernst Mach : *la Mécanique, Exposé historique et critique de son développement.*

CHAPITRE II

Système d'éducation morale propre à développer l'amour de l'Humanité.

Mais le plus sûr moyen de connaître l'Humanité et de la bien comprendre, c'est de l'aimer ; car la bienveillance stimule admirablement l'intelligence.

A cet égard encore, les indications les plus précieuses sont dues à Auguste Comte qui a érigé la morale en science, en démontrant que toute notre existence est subordonnée à une loi naturelle, indépendante de notre volonté.

En vertu de cette loi, nous vivons, spontanément, par et pour des êtres collectifs, la Famille, la Patrie, l'Humanité, et la soumission aux lois naturelles étant, dans tous les domaines, la base du perfectionnement, nous devons, ici comme partout, nous efforcer de nous conformer aux conditions que nous ne pouvons, à aucun moment, écarter.

Il en résulte que l'éducation, proprement dite, comme la morale elle-même, peut revêtir un caractère universel, et que, du fait seul que les hommes reconnaîtront unanimement, quelque jour, qu'ils n'ont que des devoirs terrestres à remplir, que ces devoirs leur sont communs à tous, quels que soient leur situation, leur pays, leur race et leur époque, naîtront nécessairement des dispositions d'esprit et de cœur et une atmosphère sociale, très favorables à l'amour de l'Humanité.

Dans tous les cas, ces résultats futurs peuvent être provoqués, dès maintenant, par l'éducation positive à l'aide de moyens artificiels, mais rationnels, destinés à familiariser le sentiment, autant que la pensée, avec le rôle providentiel que l'Humanité, telle que nous l'avons définie, joue envers nous.

L'observation scientifique de la nature humaine, sur laquelle la morale positive repose, démontre, en effet, qu'il ne suffit plus, aujourd'hui, de refréner l'égoïsme, comme toutes les disciplines théologiques ont, de manières diverses, tenté de le faire, et de continuer à assouvir la bête gloutonne, lubrique et cruelle, qui sommeille, plus ou moins, en chacun de nous ; il faut, de plus, favoriser l'épanouissement des sentiments désintéressés, pratiquer la culture directe de la sociabilité, enseigner à vivre consciemment pour autrui, la Famille, la Patrie, l'Humanité, en un mot, développer l'altruisme, dont les moindres manifestations dépasseront toujours, en efficacité morale et sociale, toutes les vertus négatives accumulées.

Dans ce but, et sans répudier aucune des bonnes méthodes, dont la valeur est consacrée par l'expérience séculaire de tous les peuples, notamment en ce qui concerne l'éducation familiale, Auguste Comte a tracé le plan d'un système de culte privé, domestique et public, propre à mieux préparer et mieux adapter l'homme à sa destinée générale.

C'est ainsi qu'il a préconisé, d'une part, la lecture et la méditation quotidienne des chefs-d'œuvre de littérature et de morale, caractéristiques de tous les grands peuples civilisés et de toutes les grandes époques de l'histoire ; de l'autre, l'institution de fêtes philosophiques, consacrées à glorifier les grands hommes qui, dans tous les temps et dans tous les lieux, ont supérieurement contribué à l'évolution humaine, ou les grandes institutions qui servent et serviront perpétuellement de bases à l'organisation des sociétés.

On ne peut nier que ces fêtes, hebdomadairement célébrées, suivant l'heureux usage inauguré par le Judaïsme et consacré par le Catholicisme, constitueraient un système d'éducation populaire, très éminent et très efficace pour le développement de l'amour de l'Humanité, puisqu'il maintiendrait, dans une communion et dans une sympathie constantes, les hommes de toutes les races et de tous les temps.

Les esprits débiles ou malveillants, qui se sont complus à dénigrer ce projet grandiose, lui ont reproché de transformer l'homme en objet d'adoration, sans remarquer que, jusqu'ici, toutes les religions ont, au fond, organisé l'adoration de types humains, en vouant un culte, soit à leurs fondateurs, soit aux forces de la nature anthropomorphisées, ou bien en contemplant dans la personne du dieu purement imaginaire des monothéistes, leur moi extériorisé et projeté sur le vide insondable des espaces célestes.

Ces pauvres critiques se sont, de même, en raison de leur infirmité cérébrale, montrés incapables de voir que le projet d'Auguste Comte n'est qu'une restauration et une généralisation philosophiques du culte des ancêtres et des héros, pratiqué par toute l'antiquité occidentale, et toujours en honneur en Chine où les grands hommes sont considérés, suivant la définition de Confucius, comme un troisième pouvoir, intermédiaire entre le Ciel et la Terre, de sorte qu'en organisant leur culte nous obtiendrions immédiatement l'adhésion de la masse immense de la race jaune. Ils n'ont pas davantage observé que ce projet, longuement médité, parfaitement mûri, n'est qu'une illustration de la philosophie positive de l'histoire, ou le fruit d'une analyse très approfondie de la structure sociale ; qu'il consacre simplement un besoin éternel, dont la persistance est accusée : par la tentative d'organisation du Culte de la Raison, sous la Révolution ;

par l'érection de temples civiques et de statues à la mémoire des grands hommes ; par la célébration de leurs
centenaires ; par le respect des vestiges du passé, les
pélerinages aux lieux historiques, la multiplication des
musées archéologiques et ethnographiques, et par la multiplication des sociétés éthiques et des réunions domini-
cales purement laïques.

Enfin, ces critiques n'ont même pas soupçonné que le
culte de l'Humanité, proposé par Auguste Comte, est
propre à régénérer vigoureusement les beaux-arts, aujour-
d'hui dépourvus de toute inspiration sociale, et à rétablir
l'ordre, l'harmonie, la fraternité dans le sein des sociétés
nationales et dans la société internationale, si profondément perturbées par la maladie individualiste et anar-
chique ; bref, ils ont méconnu que ce projet remplit
toutes les conditions pour être adopté par l'ensemble des
peuples civilisés, comme une proposition scientifique,
c'est-à-dire vérifiable et réalisable.

Du moins, par une expérience de six années consécu-
tives, qu'ils sont bien résolus à poursuivre et durant
laquelle ils ont successivement célébré, sans déroger aux
règles de la positivité, toutes les grandes fêtes mensuelles
inscrites dans le calendrier concret et dans le calendrier
abstrait, élaborés par Auguste Comte, les positivistes
Parisiens viennent de se convaincre que le système d'éducation morale, proposé par l'incomparable génie dont
ils suivent les directions, pour entretenir et développer
l'amour de l'Humanité, n'a rien de chimérique, et qu'il
procure, au cœur comme à l'esprit, les plus douces et
les plus salutaires satisfactions.

C'est donc, au nom de la raison pratique, autant qu'au
nom de la raison théorique, que nous en conseillons
l'adoption pour le perfectionnement moral des individus,
des races et du milieu social dans lequel ils vivent, perfectionnement auquel les relations internationales, au-

jourd'hui de plus en plus fréquentes, peuvent, d'ailleurs, contribuer autant qu'au perfectionnement intellectuel nécessaire à une meilleure organisation de l'Humanité.

CHAPITRE III

Système d'éducation civique propre à développer le service de l'Humanité.

Toutefois, il ne suffit pas de faire connaître exactement l'Humanité et de susciter universellement l'affection, à son égard ; il faut encore enseigner à la servir, d'une manière effective.

L'homme n'est pas un être contemplatif. C'est un être actif. C'est, selon la définition d'Aristote, « un animal politique ».

Ses actes civiques sont le critérium de son amour pour autrui.

Or, surtout dans l'état amorphe de son organisation actuelle, la société des nations ne peut être servie directement que par ceux qui coopèrent au fonctionnement des quelques institutions internationales disséminées dans plusieurs capitales. La multitude ne peut, dès lors, manifester son dévouement à l'Humanité que d'une manière indirecte.

Il en sera, d'ailleurs, toujours ainsi. Car, quelque forme que prenne son organisation future, l'Humanité se composera toujours essentiellement de Patries, c'est-à-dire d'associations de Cités qui sont elles-mêmes des associations de Familles.

La Patrie, la Cité, la Famille et les individus qui les forment, seront éternellement les représentants objectifs de l'Humanité.

C'est donc envers eux que nous devons surtout remplir des devoirs.

Inspirons-nous des leçons du passé ; bénissons les prédécesseurs et les morts ; ayons le souci de l'avenir et des successeurs ; mais gardons-nous de nous laisser duper par des sentiments invérifiables, de nous vouer à des entités, et soyons, d'abord, utiles aux vivants.

Le devoir social est un devoir actuel, immédiat ; mais il n'est pas toujours précis et il est nécessaire qu'une part soit faite, dans une éducation intégrale, au besoin que l'homme éprouve, parfois, d'être éclairé sur la conduite qu'il doit tenir, et, au moins, à la nécessité de le rappeler à des considérations d'ensemble en le dégageant de l'horizon borné dans lequel le confinent fatalement ses intérêts personnels, ses occupations spéciales, ses penchants, ses habitudes et sa nationalité.

Pour cela, il convient d'organiser la réaction de la théorie sur la pratique et de mettre en relief l'importance sociale de toutes les fonctions dont la diversité correspond, à la fois, aux situations personnelles et à l'âge.

L'enfance, l'adolescence, la jeunesse, le choix d'une carrière, le mariage, la paternité, la retraite, le déclin de la vie, constituent, dans notre évolution individuelle, autant d'états distincts comportant des devoirs spéciaux qu'il est nécessaire d'enseigner et de rappeler.

C'est dans ce but qu'Auguste Comte a proposé d'instituer un certain nombre de cérémonies publiques, destinées à socialiser les phases diverses de la vie individuelle ; il a donné à ces fêtes le nom de sacrements sociaux parce qu'il s'agit, dans l'espèce, de consacrer philosophiquement et en se plaçant au point de vue collectif, l'acte décisif accompli par l'individu.

Dans chacune de ces circonstances, il importe, en effet, de rappeler : que tous nos actes intéressent la société ; que nous vivons inconsciemment et devons vivre volontairement pour la Famille, la Cité, la Patrie, organes de l'Humanité ; que nous sommes, en premier lieu, des citoyens et qu'en réalité il n'y a pas de fonctions privées.

Les prolétaires et les riches, les travailleurs et les entrepreneurs, les savants et les artistes, les philosophes et les femmes, sont, à vrai dire, des fonctionnaires publics, au même titre que tous les détenteurs de l'autorité.

Tous, ils doivent travailler, d'une manière active, au perfectionnement de l'ordre humain, matériel, biologique, intellectuel, moral et social, en cherchant d'abord à s'améliorer eux-mêmes et en s'efforçant de devenir des organes sociaux aussi parfaits que possible ; car les modifications de notre sort sur cette terre ne peuvent être réalisées que par nous et il serait chimérique d'aspirer à une société meilleure avec des hommes qui refuseraient de se perfectionner.

Les sacrements sociaux d'Auguste Comte, destinés à compléter l'admirable système d'éducation universelle qu'il a conçu et dont j'achève d'esquisser le plan, n'ont pas échappé, plus que ses procédés d'éducation intellectuelle et morale, aux puérils sarcasmes des contempteurs de profession, dont le cœur est souvent aussi vide que l'esprit.

Là encore, cependant, le Positivisme se borne à satisfaire, au moyen d'une culture rationnelle et philosophique, des besoins de la nature humaine et de la vie collective, que l'Antiquité, le Catholicisme, la Chevalerie, ont consacrés, dont le génie des hommes d'État de la Révolution n'a pas méconnu l'importance politique, et qui continuent à se manifester spontanément, sous nos yeux, sous la forme des fêtes, fort analogues aux sacrements positivistes, que célèbrent la Franc-Maçonnerie, les sociétés de Libre-pensée, les sociétés de baptême civil, les sociétés de mariage civil, les associations ouvrières, certaines municipalités émancipées et les innombrables œuvres sociales, qui procèdent, solennellement, à la distribution de leurs récompenses et à l'apologie de leurs services.

Par conséquent, à ce point de vue, comme aux précédents, aucun doute légitime ne peut être conçu sur le fondement expérimental des conceptions d'Auguste Comte. Tous ceux que préoccupe le grand problème de l'institution d'un système général d'éducation civique, dégagé de toute nébulosité métaphysique, seront, tôt ou tard, contraints de rendre justice à la solidité de ses principes, en s'inspirant d'eux, comme les réorganisateurs de l'éducation intellectuelle sont aujourd'hui, bon gré, mal gré, condamnés à le faire.

QUATRIÈME PARTIE

La religion de l'Humanité.

De toute notre étude, il résulte finalement :

que la conception de l'Humanité, d'abord spontanée et vague, a constamment progressé au travers des âges ;

qu'elle a pris au XIXe siècle, avec Auguste Comte, une forme scientifique et précise ;

qu'à défaut de théorie, les faits suggèrent aujourd'hui l'idée de l'Humanité et de son organisation aux observateurs empiriques et aux simples praticiens ;

mais que cette organisation, imposée par la nécessité, pourrait être considérablement hâtée et fortifiée par une opinion publique mieux éclairée et que la formation de cette opinion suppose un système d'éducation universelle, dont Auguste Comte, seul, a jusqu'ici, proclamé la nécessité et jeté les bases.

L'adaptation définitive du genre humain aux conditions réelles, et de plus en plus complexes, de son existence, ne peut, en effet, s'effectuer sans une régénération préalable des idées et des mœurs.

Toute réforme temporelle est nécessairement précédée d'une réforme spirituelle.

C'est pourquoi nous pouvons conclure que dans la phase d'évolution qu'elle parcourt dans le temps présent, le besoin le plus urgent de l'Humanité est l'établissement d'un système d'éducation, commun à tous les habitants de la terre, sans distinction de sexes, de situations, de nationalités ni de races, et ayant pour objet de rendre universellement populaire la connaissance, l'amour et le service du grand être collectif à qui la possession de la planète est échue.

Mais un pareil système, embrassant tous les aspects

de la nature humaine et l'ensemble des hommes et des femmes, n'est autre qu'une religion universelle.

Aussi Auguste Comte fut-il logiquement conduit par ses longues études et ses profondes méditations sur la philosophie de l'histoire, à considérer l'institution de cette religion, à laquelle il a donné le nom de religion de l'Humanité, comme l'idéal et la destination suprêmes de toute l'évolution sociale de notre espèce.

On peut différer d'opinion avec lui sur le rituel de cette religion ; mais on ne saurait contester que l'Humanité tend vers une unité mentale, morale et pratique, dont elle seule peut accélérer l'avènement et consolider la fondation.

Au surplus, la religion de l'Humanité est une religion naturelle ; elle n'imagine rien, ne crée rien ; son institution a simplement pour objet de coordonner, consacrer, systématiser ce qui se pratique, d'une manière spontanée et confuse, dans l'enseignement et dans la vie privée, domestique et publique, modernes.

En principe, cette religion existe ; il importe seulement de la faire apprécier et de la développer, pour subordonner, d'une manière plus satisfaisante, la vie individuelle à la vie collective, la vie locale à la vie nationale, la vie nationale à la vie planétaire, la politique à la morale, et pour rendre plus synthétique la solidarité continue des patries dans l'espace et dans le temps.

C'est par la religion de l'Humanité que l'obligation des devoirs réciproques et le régime du droit, auxquels sont assujettis, depuis longtemps, les rapports des forts et des faibles dans les sociétés civilisées, s'internationaliseront le mieux.

Évidemment la substitution du droit international à la force n'est encore qu'une espérance d'avenir et les sceptiques n'ont que trop de raisons pour railler actuellement cette espérance.

Le problème est posé ; il n'est pas résolu.

Pourtant, on ne saurait garder de doutes légitimes sur sa solution, quelqu'éloignée qu'elle puisse paraître, quand on se réfère à la philosophie de l'histoire de l'Humanité. Car toute l'évolution humaine a eu pour but et pour résultat de subordonner la force et de lui imposer des devoirs.

La religion de l'Humanité organisera la réaction universelle, nécessaire, de la force morale contre la force matérielle.

Toutefois, il n'existe pas de fonctions sans organe et cette réaction ne peut être exercée que par un clergé philosophique, chargé de l'éducation intellectuelle, morale et civique ci-dessus exposée.

En conséquence, je n'hésite pas à condenser toutes les pensées de cette étude dans cette opinion que les intérêts majeurs de la civilisation contemporaine se résument dans la constitution d'un pouvoir spirituel positif qui cultive convenablement les esprits, les cœurs et les caractères, qui élève la voix avec autorité, dans les rivalités des nations, qui serve d'arbitre à celles qui ne parviennent pas à se concilier, qui réagisse contre les perturbateurs indociles, et qui, finalement, coordonne l'opinion publique, de manière à transformer la masse qui la compose, principalement les prolétaires et les femmes, en une grande force morale, capable de déjouer les mauvais desseins des gouvernements pervers ou de châtier leurs fautes.

C'est à cette œuvre immense, difficile et longue, que les philosophes et les moralistes, dégagés de toute préoccupation surnaturelle, doivent travailler avec le plus d'ardeur et de persévérance, animés de la conviction scientifique que ce rude chemin mène au but que l'évolution antérieure de l'Humanité assigne à nos descendants.

———————